Svenja Reinhardt

Die Gestrandeten

Über die Autorin:

Svenja Reinhardt ist wissenschaftliche Mitarbeiterin im DFG-Projekt „Schlafwissen. Zur Wissensgenerierung im Schlaflabor und Sleeptracking." am Fachgebiet für Soziologie mit den Schwerpunkten Sozialstrukturanalyse und Konfliktsoziologie der Philipps-Universität Marburg. Zusätzlich ist sie Lehrbeauftragte an der Bergischen Universität Wuppertal. Sie studierte Soziologie und Rechtswissenschaften an der Bergischen Universität Wuppertal, der Universität Göteborg sowie der Eberhard Karls-Universität Tübingen.

Svenja Reinhardt

Die Gestrandeten

Eine wissenssoziologische Studie über Auswärtige zu Beginn der COVID-19-Pandemie

ldib Verlag

Bibliografische Information der Deutschen Nationalbibliothek
Die Deutsche Nationalbibliothek verzeichnet diese
Publikation in der Deutschen Nationalbibliografie;
detaillierte bibliografische Daten sind im Internet
über http://dnb.ddb.de abrufbar.

www.oldib-verlag.de
Oldib Verlag Oliver Bidlo
Waldeck 14
45133 Essen
www.oldib-verlag.de
Herstellung: BoD, Norderstedt

ISBN 978-3-939556-87-9

Inhaltsverzeichnis

Danksagung

Ich möchte die Gelegenheit nutzen, um all den Menschen zu danken, die mich bei der Durchführung dieser Studie begleitet haben. Allen voran danke ich Sebastian Weste, dessen gewinnbringender Unterstützung ich mir stets sowohl in theoretischer als auch in praktischer Hinsicht sicher sein konnte. Die steten Diskussionen sind zu einem großen Teil in die Erstellung des vorliegenden Buches eingeflossen. Hervorheben möchte ich dabei insbesondere seine wertvollen theoretischen Hinweise in Bezug auf Interviewsituationen, Modernität und Kosmopolitisierung von Alltag. Mein Dank gilt auch Karsten Krampe, der mich – genau wie Sebastian Weste – beim gemeinsamen Forschungsaufenthalt in Nepal durch Diskussionen und Hilfe in der Interviewdurchführung unterstützte. Nicht zuletzt möchte ich meinen Eltern Irene Reinhardt und Karlheinz Kipke, meiner Schwester Vanessa Reinhardt sowie meiner Freundin Fiona Hollmann für all ihre Unterstützung und Ermutigung danken.

Des Weiteren richtet sich mein Dank an meine langjährige Mentorin Ludgera Vogt, die mir auch bei der Durchführung dieser – beziehungsweise zunächst auch bei der ursprünglich geplanten Studie – mit ihrer Hilfe zur Seite stand. Ebenso möchte ich ihr – genau wie Jochem Kotthaus – für die Betreuung der ursprünglichen Arbeit, auf der dieses Buch basiert, danken. Besonderen Dank gilt auch Oliver Bidlo vom Oldib-Verlag für sein Vertrauen und seine Unterstützung. Mein Dank gilt ebenso den Mitarbeitenden des International Office der Bergischen Universität Wuppertal für die finanzielle Förderung.

Auch meinen vielen Unterstützenden aus Nepal gilt mein Dank. Insbesondere möchte ich hier Regan Awale und Deepa Byanjankar Awale für all die Zeit und Unterstützung, die uns zuteilgeworden ist, hervorheben. Gleiches gilt auch für seine Eltern Ratna und Devina Awale für die Aufnahme in ihrem Haus. Devashree Niraula danke ich für alle Gespräche, Informationen und besonderen Einblicke in ihre Kultur und Nepal im

Allgemeinen. Vielen Dank auch an Sushant Rijal und Nanda Kishor Mandal für die Ermöglichung des Forschungsaufenthaltes am King's College Kathmandu. Zuletzt möchte ich mich auch bei den vielen Menschen bedanken, die sich die Zeit genommen haben, um mit mir oder meinen Kollegen Interviews zu führen, um so das Forschungsvorhaben zu unterstützen.

Im Frühjahr 2021

Svenja Reinhardt

1. Einleitung

„Der Zeitpunkt, sich für eine Rückholung zu entscheiden, ist jetzt."

(Auszug aus einer E-Mail der Deutschen Botschaft Kathmandu an Personen, die sich in Nepal befanden und sich auf der ELEFAND-Liste registriert hatten; empfangen am 01.04.2020).

Anfang 2020 flog ich gemeinsam mit zwei Mitforschenden (Karsten Krampe von der Fachhochschule Dortmund und Sebastian Weste von der Philipps-Universität Marburg) für einen zweimonatigen Forschungsaufenthalt am King's College in Kathmandu sowie für eine ethnographische Datenerhebung nach Nepal. Zu diesem Zeitpunkt fing gerade eine starke epidemische Ausbreitung der Atemwegserkrankung COVID-19 in der Volksrepublik China an. Unser geplanter Flug mit einem Zwischenaufenthalt am chinesischen Flughafen Chengdu wurde aus diesem Anlass gestrichen, wir konnten jedoch einen alternativen Flug mit Zwischenstopps in der Türkei und dem Oman nehmen. Zu diesem Zeitpunkt war es für uns verständlich, dass ein Flug mit Zwischenhalt in der Volksrepublik China – welche als der örtliche Ursprung von COVID-19 gilt – nicht möglich war. Wir rechneten zu diesem Zeitpunkt jedoch nicht mit dem, was noch auf uns und die restliche Weltbevölkerung zukommen sollte.
Der ursprüngliche Plan unseres Forschungsaufenthaltes in Nepal war die Durchführung einer lebensweltanalytischen Ethnographie über den Bergtourismus im Himalaya. Innerhalb dieser Methode ist es von äußerster Relevanz, am Feld teilzunehmen: vor Ort unternahmen wir deswegen unter anderen eine Feldbegehung und wanderten den sogenannten Annapurna Circuit. Dieser ist neben einer Route zum Base Camp des Mount Everest einer der zwei bekanntesten Fernwanderwege in Nepal. Er führt um die Annapurna-Gebirgskette im nepalesischen Himalaya und dabei unter anderem über den Hochgebirgspass Thorung La auf 5416 Metern. Für den

Weg planen Trekker normalerweise zwischen 18 und 21 Tage ein. Wir waren etwa zwei Wochen unterwegs und hatten in dieser Zeit aufgrund des starken Schneefalls weder Internet- noch Mobilfunknetz. Als wir gerade den Thorung La-Pass überquert hatten, erreichte unseren nepalesischen Freund und Begleiter Regan Awale über Umwege die Nachricht, dass die nepalesische Regierung aufgrund der COVID-19-Pandemie eine Stilllegung des öffentlichen Lebens innerhalb der nächsten drei Tage verkündet hatte. Dies bedeutete, dass es in Nepal nach Ablauf der drei Tage keinen öffentlichen oder privaten Nah- und Fernverkehr mehr geben durfte, der komplette (inter-)nationale Flugverkehr ausgesetzt wurde, die meisten Hotels geschlossen und strenge Ausgangsbeschränkungen angeordnet wurden. Dies ermöglichte den Menschen nur an drei Stunden am Tag das Haus zu verlassen, um in der näheren Umgebung Lebensmittel einkaufen gehen zu können. Die Ausgabe von Permits, einer Art Ausweis, den man als ausländische Person benötigte, um einen der Fernwanderwege im Himalaya nutzen zu dürfen, war bereits kurz nach unserem Aufbruch eingestellt worden und selbst der Mount Everest wurde vorübergehend für Besteigungsversuche geschlossen. Aus diesem Grund entschieden wir uns noch am selben Abend dazu, so schnell wie möglich nach Kathmandu, der Hauptstadt Nepals, zurückzukehren. Unser großes Glück war es dabei, dass wir unmittelbar nach dem Thorung La-Pass in Muktinath, einem kleinen Wallfahrtsort im Distrikt Mustang, ankamen. Der Ort ist sowohl (Zwischen-)Ziel von etlichen Trekkingtouren, aber auch für Pilgerreisen von Hindus und Buddhisten, weshalb er eine Straßenanbindung besitzt und man den Ort mit Jeeps anfahren kann. Ratna Awale, Regans Vater, der uns ebenfalls begleitete, organisierte mit Hilfe der Hotelmitarbeitenden für unsere kleine Gruppe einen einheimischen Fahrer mit Jeep, der uns am nächsten Tag über die unebenen Straßen fahren sollte. Unterwegs nutzten wir die unfreiwillige Reisezeit und sprachen viele ausländische Touristen an, die sich jedoch meist nicht vorstellen konnten, dass es kurzfristig die infrastrukturelle Stilllegung in Nepal geben wird. Weitere Infor-

mationen waren ihnen ebenfalls aufgrund des mangelnden Internetempfangs nicht bekannt. Nach einer obligatorischen Fiebermessung durch die örtlichen Behörden und einem kompletten Fahrtag kamen wir spät abends in Jomsom an.
Am Abend überraschte uns ein amerikanisches Paar im Hotel, die aufgrund ihrer Sorgen vor der Pandemie völlig aufgelöst waren: Sie bezahlten unserem Fahrer (vergleichsweise im Verhältnis zu den sonstigen Preisen auf der Strecke) viel Geld, damit er sie noch am selben Abend nach Pokhara bringt. Von dort wollten sie einen der wenigen und immens teuren Flüge nehmen, um noch vor Anlaufen der infrastrukturellen Maßnahmen nach Kathmandu zu kommen. Wir hingegen entschieden uns mangels Alternativen den öffentlichen Bus am nächsten Morgen zu nutzen. Dieser brachte unsere Gruppe nach Pokhara, von wo aus wir am Tag darauf per Bus den langen Weg nach Kathmandu antraten. Aufgrund der bevorstehenden Stilllegung des Landes auf unbestimmte Zeit und die damit verbundenen Sorgen der Lokalbevölkerung war auf den engen, kurvigen Straßen ungewöhnlich viel Verkehr und wir standen mehrmals im Stau. Auf dem Weg von Pokhara nach Kathmandu trafen wir keine anderen Touristen. Wir vermuteten, dass sie entweder von der bevorstehenden Stilllegung noch nicht erfahren hatten, früher gereist waren oder andere Transportmittel als die lokalen Langstreckenbusse nutzten. Kurz vor unserer Ankunft in Kathmandu wurde der Bus angehalten, damit zwei Personen in ärztlicher Schutzkleidung bei einem meiner deutschen Begleiter und mir Fieber messen konnten. Nach einer Messung im Normbereich wurden wir beide lautstark für coronafrei erklärt und unsere Mitreisenden entspannten sich merklich. Bei meinem zweiten deutschen Begleiter wurde – soweit meine Einschätzung – wahrscheinlich aufgrund seines Aussehens keine Kontrolle vorgenommen. Mit etwas Glück kamen wir spät am Abend in Kathmandu an und konnten in der ungewöhnlich verkehrsarmen und fast menschenleeren Stadt ein Taxi zur Nebenstadt Lalitpur nehmen, um dort im Haus von Regan, seinem Vater Ratna und seiner Mutter Devina unter-

zukommen. Bei diesen waren wir auch schon vor dem Trek untergebracht, hatten hier für die Dauer unseres Aufenthaltes in Nepal eine Unterkunft und nach langer Zeit wieder Internetempfang. Von hier konnten wir zunächst mit unseren Familien in Deutschland über das Internet Kontakt aufnehmen, diese beruhigen und dann die damalige aktuelle Lage recherchieren. Aufgrund der Lungenkrankheit COVID-19, die mittlerweile ohne unser Wissen viele Nationen erreicht hatte, gab es weltweit Maßnahmen zur Eindämmung der möglichen Pandemie. In Reaktion darauf wurden auf verschiedensten digitalen Plattformen Hilfen und Kommunikationsmöglichkeiten für Menschen in vergleichbaren Situationen wie der unseren angeboten. Dabei fiel uns eine Bezeichnung ins Auge, die für diese Menschen genutzt wurde: Stranded (zu Deutsch: gestrandet oder auch die Gestrandeten). Auch wir zählten somit zu dieser Gruppe der Gestrandeten, die sich in einem Land oder einem Ort befanden, von welchem sie möglicherweise ausreisen wollten aber nicht wie gewohnt konnten.

Noch in Nepal bekamen wir mehrere Mails von der Deutschen Botschaft Kathmandu, in denen wir auf die mangelnde medizinische Versorgungslage in Nepal hingewiesen wurden. Darüber hinaus wurden die großen Einschränkungen in das private Leben betont, die erlassen wurden, um die COVID-19-Pandemie einzudämmen. Zudem wurde uns mitgeteilt, dass wir nach dem letzten von der Botschaft organisierten Rückholflug – kommerzielle Flüge gab es überhaupt nicht mehr – auf uns allein gestellt wären. Die Deutsche Botschaft versuchte uns primär auf das Risiko hinzuweisen, dass wir auf unbestimmte Zeit und ohne eine Rückflugmöglichkeit in Nepal stranden könnten, aber wir wurden ebenso nachdrücklich auf unseren Status als Auswärtige hingewiesen, die sich den strengen Regeln der nepalesischen Regierung zu unterwerfen hätten. Diese Mails erhielten wir, da wir uns als Auslandsdeutsche in Nepal für den Zeitraum unseres Aufenthaltes beim Auswärtigen Amt registriert hatten. Die zuständige Botschaft kann durch das ELEFAND-Portal in den Kontakt mit re-

gistrierten Personen treten. Bemerkenswert ist, dass es zu diesem Zeitpunkt noch weniger als zehn Fälle der Viruserkrankung in Nepal gab.
Vor diesem Hintergrund entschieden wir uns dazu, unser Forschungsziel an die Situation anzupassen und eine Studie zu Auswärtigen durchzuführen, die durch die Maßnahmen zur Eindämmung der COVID-19-Pandemie betroffen waren oder es noch immer sind. Kurz: zu Gestrandeten. Als COVID-19-Pandemie wird dabei generell der Ausbruch und die weltweite Verbreitung einer Atemwegserkrankung bezeichnet, die durch den Krankheitserreger SARS-CoV-2, auch COVID-19 oder umgangssprachlich Corona genannt, verursacht wird. Der erste Fall eines infizierten Menschen ist offiziell auf den 12. Dezember 2019 datiert und man ging zunächst davon aus, dass eine Mensch-zu-Mensch-Übertragung unmöglich sei. Diese Einschätzung wurde später jedoch revidiert.[1] Viele der ersten offiziellen Infizierten arbeiteten auf dem Huanan-Markt in Wuhan (einer Großstadt der Provinz Hubei im Zentrum der Volksrepublik China), auf dem neben Fischen auch Wildtiere zum Verzehr angeboten werden. Der Virus (eine neuartige Mutation aus der Gruppe der Coronaviren, die auch Menschen gefährlich werden kann) wird laut dem Robert Koch Institut (2020) vor allem durch Tröpfcheninfektion sowie Aerosole übertragen und kann Symptome wie Husten, Schnupfen, Lungenentzündung, Fieber, Geruchs-/Geschmacksverlust oder Pneumonie hervorrufen, die bei schwerem Verlauf zum Tod führen können. Über den Ursprung des Virus gibt es keine zuverlässigen Quellen, es wird beispielsweise jedoch von einer Tier-zu-Mensch-Übertragung gesprochen, da Coronaviren auch bei bestimm-

[1] Insbesondere bei Vorkommnissen in der Volksrepublik China ist die Darstellung einer genauen Chronik der Ereignisse fast unmöglich. Zwar existiert ein offizieller Bericht der Volksrepublik China, an diesem wird jedoch medial immenser Zweifel gehegt (zum Beispiel von Wiegmann 2020 oder Deuber 2020). Auch die Weltgesundheitsorganisation (World Health Organization 2020) änderte laut Medienberichten (NDR/ARD-aktuell 2020) später ihre „COVID-timeline" dahingehend, dass die WHO nicht von China selbst über den Virusausbruch unterrichtet wurde, sondern durch eine Pressemitteilung darauf hingewiesen wurde. Aufgrund der daraus resultierenden Unsicherheit über die genauen zeitlichen Abläufe wird im Folgenden auf eine genauere zeitlich-terminliche Darstellung verzichtet.

ten Fledermausarten vorkommen, die auf dem Huanan-Markt zum Verzehr angeboten wurden – dies konnte jedoch nach heutigem Stand nicht zweifelsfrei belegt werden, gilt aber als wahrscheinlichste Ursache.
Laut Bundesgesundheitsministerium (2021) entwickelte sich zunächst im Januar 2020 die Viruserkrankung zu einer lokalen Epidemie in China und wurde anschließend zu einer globalen Pandemie. Um eine Verbreitung des Virus zu hemmen und die Bevölkerung zu schützen, wurden beispielsweise ausländische Staatsangehörige zeitnah aus Hubei durch deren Herkunftsstaaten ausgeflogen. Da sich der Virus dennoch verbreitete und immer neue Fälle in mehreren Ländern auftraten, leiteten viele Staaten unverzüglich umfangreiche Maßnahmen zur Pandemieeindämmung ein. Diese beinhalten beispielsweise Ausgangssperren, Flugverbote, Einreiseverbote, eine Verpflichtung zum Tragen von Mund-Nasen-Bedeckungen (später auch medizinischen Masken), das Verbot von Großveranstaltungen oder auch die Schließung aller nicht „systemrelevanten" Geschäfte oder Arbeitsstellen. Zwischen Ländern gab es dabei deutliche Unterschiede in den Maßnahmen sowie dem Zeitpunkt ihres Einsetzens. Im Oktober 2020 gab es weiterhin weltweite Maßnahmen zur Eindämmung der Ausbreitung von COVID-19, denn zu diesem Zeitpunkt war weder ein Heilmittel oder eine Impfung in Deutschland zugelassen noch konnte eine Ausbreitung verhindert werden (Süddeutsche Zeitung 2020). Die Impfungen starteten dann Ende 2020. Die Maßnahmen sollten nach Vorhersagen des Bundesgesundheitsministeriums auch noch mindestens bis Ende 2021 bestehen.
Während der anfänglichen Ausbreitung der Pandemie stellte sich insbesondere für auswärtige Personen die Frage, wie sie individuell mit den weltweiten Maßnahmen zur Pandemieeindämmung umgehen. Zu diesem Zeitpunkt waren sie alle auf eine gewisse Art und Weise gestrandet, da sie trotz eines (zukünftigen) Ausreisewillens, diesem nicht nachgehen (werden) können und somit zunächst in der Fremde verbleiben müssen. Im Besonderen für Auswärtige, die eine terminierte Absicht zur Rückkehr

oder Weiterreise in näherer Zukunft haben, würde sich der konkrete Plan des „heute kommen und morgen gehen" zu einem „heute kommen und morgen bleiben" (Simmel 2016 [1908]: 764) verändern. Dies ist nach Georg Simmel charakteristisch für die Sozialfigur des Fremden. Weiterführend sieht Simmel im Fremden eine Person, die sowohl der Ferne nah ist, als auch nicht weiterziehen möchte, was also auch eine gewisse Dauerhaftigkeit des Aufenthalts in einem fremden Land mit sich bringt. Diese Dauerhaftigkeit des Auslandsaufenthaltes würde bei fehlenden Rückkehr- oder Weiterreisemöglichkeiten auch auf die Auswärtigen in gewissem Maße zutreffen. Daraus ließe sich die Vermutung ableiten, dass diese mit dem Risiko konfrontiert sein könnten, entgegen ihrer Planung als Fremde im Ausland zu stranden.

Alfred Schütz (1972a) sieht die Krisis, die daraus entsteht, dass bekannte Typiken nicht mehr als wirklich erscheinen, als einen wesentlichen Bestandteil des Fremdseins an. Da sowohl die Pandemie als auch die Auswirkungen für viele Menschen Ereignisse darstellen, welche sie zuvor noch nicht erlebt haben, ist ihr Ablauf den Handelnden nicht bereits durch zuvor durchgeführte, ähnliche Handlungen bekannt. Deshalb besitzen sie nach Peter L. Berger und Thomas Luckmann (1995) keine bereits vergangenen Handlungen, auf die sie sich im problemlösenden Umgang mit ihnen beziehen können. Damit geht ebenfalls einher, dass die Handelnden nun nicht mehr das sie Umgebende fraglos in Typiken einordnen können, die während vorausgegangener Erfahrungen gebildet wurden (Schütz/Luckmann 2003), sondern sich prozessual anpassen müssen. Da den Auswärtigen also bewährte (Vor-)Erfahrungen fehlen, an denen sie sich mit ihrer Sinngebung für einen Handlungsentwurf orientieren können, sind die Menschen nun dazu angehalten, über ihr Handeln zu reflektieren und eine Problemlösung zu entwerfen. Dabei sind sie einem gewissen Handlungszwang ausgesetzt.

Schütz (1972a) sieht diese Krisis, die daraus entsteht, dass bekannte Typiken nicht mehr als wirklich erscheinen, als einen wesentlichen Bestandteil des Fremdseins. Eine Orientierung für die Anpassung an neue Gegebenheiten scheinen dabei auf den ersten Blick objektivierte Sinngebilde wie der Risikodiskurs zu bilden, die die jeweiligen Auswärtigen mitbekommen (Soeffner 2010). Das verhandelte Risikowissen beruht nach Ronald Hitzler über seinen Lehrer Ulrich Beck (1986) in wenigen Fällen auf eigenen Erfahrungen, es wird stattdessen von sogenannten Risikoexperten für die jeweiligen Risikointeressierten „symbolisch produziert, bereitgestellt und distribuiert" (Hitzler/Wolf 1988: 910). Auf dieser Grundlage soll hier der Frage nachgegangen werden, wie die Auswärtigen zu Beginn der COVID-19-Pandemie diese erleben und wie sie in der Folge handelnd Stabilität herstellen.

Dazu wird nach dieser Einleitung der aktuelle Forschungsstand zum Thema dargestellt und ein Forschungsdesiderat zur Fragestellung herausgearbeitet. Darauffolgend wird zunächst der theoretische Rahmen der Studie besprochen. Ein Fokus wird dabei auf die Grundlagen der phänomenologischen Wissenssoziologie sowie sozialer (Un-)Ordnung und die natürliche Einstellung gelegt. Darauf folgt eine Darstellung der Sozialfiguren des Fremden und des Besuchenden sowie des Routinebruchs. Anschließend wird die Methodologie und das methodische Vorgehen zur Bearbeitung der Forschungsfrage vorgestellt und begründet. Dies wird sowohl in Bezug auf die Datenerhebung als auch auf die Datenauswertung aufgearbeitet. Im folgenden Kapitel werden die rekonstruierten Idealtypen mit den zugehörigen Variationen vorgestellt: zunächst die Kosmopoliten mit den Variationen der Wandernden und der Zugewanderten, dann die Rückkehrenden, mit den Variationen der Bürokraten und der Netzwerkenden. Zuletzt folgt der Idealtyp der Ordnenden mit seinen Variationen der Demonstrierenden, der Anpassenden und der Konvertiten. Im letzten Kapitel wird die Studie im Allgemeinen diskutiert. Dabei wird insbesondere auf die empirischen Implikationen, die Grenzen und Limitationen sowie auf mögliche Weiterführungen der Studie eingegangen.

2. Forschungsstand

Zur Aufarbeitung des Forschungsstandes zum Thema wird zunächst teils stark verkürzt auf die soziologische Forschung zu Pan- und Epidemien eingegangen. Ein Fokus liegt dabei auf der – aufgrund der Neuartigkeit recht geringen – Forschung zur COVID-19-Pandemie. Anschließend wird das Konzept von Krise dargelegt. Zuletzt werden bisherige soziologische Erkenntnisse zu Auswärtigen (insbesondere zu Touristen und Expatriates) dargestellt und in einem Fazit ein Forschungsdesiderat angesprochen, welches hier bearbeitet wird.

2.1. Pandemien, Epidemien, COVID-19

Eine Epidemie wird von einer Pandemie dadurch unterschieden, dass erstere nur lokal auftritt, letztere jedoch eine weltweite Ausbreitung erfährt. Insgesamt wurden Pan- und Epidemien nur selten als Ansatzpunkt für soziologische Forschungen genutzt. Dies mag daran liegen, dass es nur wenige solcher schnellen und starken Krankheitsausbreitungen – vor allem beim Menschen und in der heutigen Zeit – gibt.[2] Insbesondere beim Aufkommen des Ebolafiebers 2014-2016 in Westafrika oder 2018-2020 in der Demokratischen Republik Kongo und Uganda, das jedoch von einer Epidemie nie zu einer Pandemie wurde, wurde die Möglichkeit einer sich weltweit ausbreitenden, häufig tödlich verlaufenden Erkrankung medial und politisch thematisiert. Schon zuvor wurde immer wieder von epidemiologisch Forschenden vor der Möglichkeit einer solchen pandemischen Ausbreitung gewarnt, weshalb sich wohl auch Mike Davis (2005) unter anderem mit der Möglichkeit auseinandersetzte, dass die Vogelgrippe auf den Menschen übertragen werden und sich in urbanen Gebieten ausbreiten könnte. Dabei spricht er auch die Spanische Grippe an, an deren Fol-

[2] Ein deutscher Lungenarzt, den wir zufällig in Tatopani (Nepal) trafen, erläuterte uns, dass dies der Fall sei, da ein neuer Virus nur selten die richtige Balance zwischen Letalität und Übertragungsschnelligkeit mit sich bringt, die überhaupt ein Potential für eine Pandemie dieser Art bietet.

gen 1918-1920 – also kurz nach dem Ersten Weltkrieg – zwischen einem und fünf Prozent der Weltbevölkerung verstarben. Er analysiert dabei, welche Menschen besonders gefährdet sein könnten. Ähnlich setzt sich auch Carlo Carduff (2018) mit diesem Risiko auseinander, dass eine Mutation der Vogelgrippe auch Menschen befallen kann. Seine ethnographisch angelegte Studie über eine Bedrohungslage zu einer Pandemie, die sich (bis jetzt) noch nicht ereignete, kommt dabei unter anderem zu dem Ergebnis, dass die Infrastruktur der USA nicht ausreichend für die Bewältigung einer solchen epidemischen Ausbreitung sei. Auch das weltweite Gesundheitssystem wurde dahingehend untersucht (zum Beispiel von Dry und Leach 2010), wobei jedoch – wahrscheinlich aufgrund mangelnder empirischer Datenlage bei Pandemien – der Fokus auf Epidemien liegt. Weitere Forschende bearbeiteten bereits soziale und (gesundheits-)politische Epidemiefolgen, wie zum Beispiel einzelne Auseinandersetzungen in Bezug auf das Ebolafieber (dazu beispielhaft Ali, Dumbuya, Hynie, Idahosa 2016), das Zikavirus (zum Beispiel Diniz 2016), die Schweineinfluenza (unter anderem Evans 2010) oder auch zum SARS-Virus (beispielsweise Dong 2008, Jacobs 2007), welches zur selben Virengruppe wie COVID-19 gehört. Seit Beginn der COVID-19-Pandemie beschäftigten sich immer mehr soziologisch Forschende mit Pandemien, insbesondere der COVID-19-Pandemie, doch auch weiterhin scheint der Fokus auf punktuellen makro- und mesostrukturellen Analysen vor allem politischer und sozialstruktureller Natur zu liegen; so auch in den vor kurzem erschienenen Sammelbänden von Gamba, Nardone, Ricciardi und Cattacin (2020) oder Volkmer und Werner (2020). Innerhalb mehrerer Publikationsprojekte verschiedener deutscher und englischsprachiger Zeitschriften möchten die jeweiligen Herausgeber beispielsweise zusätzlich die Auswirkungen der Pandemie auf soziale Ungleichheit in Deutschland (Soziale Welt), soziale Grenzverschiebungen aufgrund globaler Ansteckungsrisiken (Zeitschrift für theoretische Soziologie) oder derzeitige Forschungsprojekte zur COVID-19-Pandemie (European Sociologist) thematisieren.

2.2. Krise

Obwohl viele Soziologinnen und Soziologen ihre Wissenschaft als „Krisenwissenschaft“ (Schäfers 2018: 245, aber auch Hillmann 1994: 822) verstehen, begann erst in jüngerer Zeit eine Auseinandersetzung mit neuen Konstellationen von Krisen. Dabei wird der Begriff der Krise nur teilweise als theoretisches Konzept genutzt. Dies führt dazu, dass es in den letzten Jahren nur wenige theoretische Debatten gab und auch keine definitorische Einigkeit über den Krisenbegriff herrscht. Diese Entwicklung wird dadurch bestärkt, dass Krisen eher als empirische Phänomene denn als theoretisches Konstrukt soziologisch bearbeitet werden. Dennoch erscheint es notwendig, auch die theoretische Fassung des Krisenbegriffes voranzutreiben, um dadurch empirisch gewinnbringender arbeiten zu können.

So definiert Gerd Reinhold Krise als „plötzliche[s] Auftreten massiver Probleme, die nicht ohne größere Schwierigkeiten gelöst werden können“ (2017: 370). Otthein Rammstedt geht einen ähnlichen Weg, bei dem durch ein Ereignis eine Problemlösung erforderlich wird. Er sieht den Krisenbegriff als „allgemeine Bezeichnung für die plötzliche Zuspitzung oder das plötzliche Auftreten einer Problemsituation, die mit den herkömmlichen Problemlösungstechniken nicht bewältigt werden kann“ (1994: 377). Bernhard Schäfers hingegen versteht unter Krise „jenen Zustand der Gesellschaft bzw. zentraler gesellschaftlicher Bereiche [...] in dem unter Zeitdruck schwierige Probleme der Anpassung, der Koordination und ggf. der Strukturveränderung und Systemerhaltung zu lösen sind“ (2018: 245). Daneben wird der Krisenbegriff häufiger auch als soziale Tatsache verwendet, demnach „als eine empirische Beobachtung, die keiner weiteren Erläuterung und theoretischen Analyse bedarf“ (Preunkert 2011: 438). Daraus folgernd erläutert Preunkert sein Verständnis von Krise als ein spezifisches Ereignis, bei dem die Ursache eindeutig bestimmbar ist und dessen Folgen untersucht werden. Andererseits aber sieht er ein Ereignis als Krise an, wenn dieses „als Folge der Modernisierungsprozesse die Integrationskräfte einer Gesellschaft schwächt“ (ebd.: 438). Dabei bezieht sich der Autor unter anderem auf die Arbeiten von Ulrich Beck, der aus zeitdiagnostischer Perspektive aufgrund der häufig auftretenden Krisen und Schocks von der derzeitigen Gesellschaft als einer „Weltrisikogesellschaft“ (Beck 1986) spricht, in welcher sich Menschen aufgrund von Individualisierung erst aus der Gesellschaft herausbewegen, um sich anschließend wieder in diese zu reintegrieren. Alfred Schütz bespricht in seinem sozialpsychologischen Versuch über den Fremden die Krise (oder in seinem Fall die Krisis) auf subjektiver Ebene als Umsturz der aktuell vorherrschenden Relevanzsysteme. Für ihn unterbricht die Krisis – den Arbeiten von William I. Thomas folgend – „den Fluß der Gewohnheiten [...] und [verändert] die Bedingungen sowohl des Bewußtseins wie auch der Praxis“ (Schütz 1972a: 59).

Im Zentrum soziologischen Interesses scheint derzeit bei der Erfassung von Krisen jedoch nicht die jeweilige situationelle Einordnung als eine solche zu sein, sondern vor allem deren Folgen. Empirisch untersucht werden vornehmlich wirtschaftliche Krisen, die Hillmann als „die Phase des Umschwungs einer Hochkonjunktur in einen stark beschleunigten Abschwung, in dem sich Absatzschwierigkeiten, Preisverfall, Firmenzusammenbrüche, steigende Arbeitslosigkeit, Pessimismus und negative Erwartungen in kumulativer Weise wechselseitig verstärken“ (2007: 467) definiert. Seltener als wirtschaftliche Krisen werden in soziologischen Lexika hingegen wissenschaftliche oder politische Krisen angesprochen beziehungsweise einzeln definiert. Die Erforschung der Krisenfolgen geschieht auf verschiedenen Ebenen, vor allem jedoch makro- und mesostrukturell. In einem aktuellen interdisziplinären Forschungsprojekt zum Thema, geleitet von Andreas Dörner und Ludgera Vogt (2020), wird sich dahingehend mit der Kommunikation in und von Krisen innerhalb von Fernsehsondersendungen des öffentlich-rechtlichen Rundfunks in Deutschland beschäftigt. Die Thematik wird dabei sowohl aus medienwissenschaftlicher als auch soziologischer Perspektive aufgearbeitet. Ein Überblick über den

medialen Diskurs von Krisen im Film ist auch bei Il-Tschung Lim und Daniel Ziegler zu finden, die die These aufbringen, dass „Krisen [...] nicht nur Probleme ihrer operativen Bearbeitung auf[werfen], sondern [...] Gesellschaften vor allem auch mit einem Beobachtungs- und Darstellungsproblem" (2017: 1) konfrontieren. Bei Jürgen Link (2009b, 2013) jedoch ist die These zu finden, dass Krisen durch die häufige Thematisierung und Darstellung normalisiert werden. Ähnliches ist auch bei Armin Nassehi (2012) zu sehen, der Krisen als einen Normalzustand der modernen Gesellschaft erfasst. Schulze (2011) geht noch ein wenig weiter und sieht den Menschen als ein Krisenwesen innerhalb der Moderne als Krisenkultur.
Die bisher genannten Ansätze haben (mit Ausnahme der Konzeptionen von Alfred Schütz) die Gemeinsamkeit, dass sie Krisen eher makro- oder mesostrukturell untersuchen und nicht auf der Ebene der Subjekte. Ulrich Oevermann weist jedoch darauf hin, dass ein Alltagsmensch eine solche Krise erst wahrnimmt, wenn dessen Routinen scheitern. Er zeigt dabei auf, dass Krise und Routine somit in einem dialektischen Verhältnis zueinanderstehen und dass die gesamtgesellschaftliche Krise, welche er als eine Art objektiven Normalfall sieht, von der „subjektiv manifeste[n] Krise" (1969: 8) zu unterscheiden ist, da hier das Subjekt per se in diese verwickelt ist. Bei Peter L. Berger und Thomas Luckmann (1995) hingegen liegt in der modernen Sinnkrise auf Subjektebene die Folge von Modernisierungs- und Pluralisierungsprozessen, aber auch der Säkularisierung. Alfred Schütz und Thomas Luckmann (2004) besprechen die „radikale ‚Krise'" (2004: 39) sogar nur in einem Nebensatz, in welchem sie ansprechen, dass „[d]ie Tatsache, daß unter bestimmten Umständen mein Wissensvorrat als solcher mitsamt den Sedimentierungsprozessen, durch welche Typisierungen überhaupt gebildet werden, fraglich werden kann" (ebd.) – was in ihren Augen zu einer radikalen Krise führen würde. Diese These wird dabei jedoch nicht weiter ausgeführt. Robert Stallings (2003) hält in diesem Kontext fest, dass der Begriff der Krise

> „eine mögliche Wende [bezeichnet], wo bisherige Routinen und Praktiken möglicherweise einem Wandel unterworfen werden. […] Und schließlich betrifft ‚Krise' soziale Erscheinungen auf allen drei Ebenen der Analyse, die für den Aufbau soziologischer Theorie bedeutsam sind: Mikrosozial werden auf kurze [und lange] Sicht Menschenleben zerstört […]. Mesosozial treten neue Gruppierungen auf und bestehende Organisationen mobilisieren ihre Kräfte, um die Krise entweder durch Beförderung oder durch Behinderung dauerhaften Wandels zu beheben. Und makrosozial können nach der Krise die Beziehungen zwischen bedeutenden Gruppen oder Populationen ganzer Lebenslagen andere sein" (2003: 45).

Damit zeigt er auf, dass eine Krise auch immer die Notwendigkeit eines Umgangs mit ihr beziehungsweise ihren Folgen mit sich bringt. Dies kann langfristig zu einem gesellschaftlichen Wandel führen.
Zusammenfassend lässt sich also sagen, dass die Krise (und insbesondere deren Folgen) auf makro- und mesostruktureller Ebene immer mehr in das Zentrum soziologischer Forschung und Theoriebildung rückt. Die Krise wurde auf mikrostruktureller, subjektiver Ebene darüber hinaus zwar benannt, aber bisher kaum eigenständig aufgearbeitet. Dabei erscheint es sinnhaft, in dem Kontext dieser Studie die Krisendefinition von Schütz (1972a) zu priorisieren, bei der ein vorher bestehendes Relevanzsystem eines Subjekts aufgrund äußerer Umstände nicht in Gänze aufrechterhalten und gewohnheitsmäßiges Handeln nicht mehr weitergeführt werden kann.

2.3. Auswärtige, Touristen und Expatriates

Amtlichen Statistiken zufolge leben 3,4 Millionen Deutsche dauerhaft im Ausland; 1,8 Millionen von ihnen leben innerhalb Europas und die meisten anderen in den USA, dem Vereinigten Königreich sowie der Schweiz (Deutsche im Ausland 2020). Bei diesen Zahlen kann jedoch davon ausgegangen werden, dass es zusätzlich eine hohe Dunkelziffer an Personen gibt, die sich ebenfalls ständig im Ausland aufhalten, dabei jedoch beispielsweise aus krankenversicherungs- oder steuertechnischen Gründen formell ihren Erstwohnsitz in Deutschland behalten. Neben diesen langfristigen und dauerhaften Aufenthalten im Ausland sind zusätzlich jedoch auch kürzere Aufenthalte denkbar.

Der Begriff der Auswärtigen wurde in dieser Arbeit gewählt, da er sowohl sich kurz- als auch langfristig im Ausland aufhaltende Personen inkludiert, wobei der Fokus darauf liegt, dass die Person zu einem bestimmten Zeitpunkt an ihrem neuen Aufenthaltsort angekommen ist. Laut den Definitionen des Bibliographischen Instituts im Lexikon „Duden" bezeichnet „der Auswärtige" beziehungsweise „die Auswärtige" eine männliche beziehungsweise weibliche „Person, die von auswärts kommt" (Bibliographisches Institut 2020a sowie 2020b). Somit beinhaltet der Begriff Personen, die sich zu einem ausgewählten Zeitpunkt an einem anderen Ort befinden als dem, zu dem sie als Staatsangehörige oder durch eine andere Eigenschaft als zugehörig betrachtet werden. Dieser ausgewählte Zeitpunkt ist in der vorliegenden Arbeit der Beginn der Maßnahmen zur Eindämmung der COVID-19-Pandemie im Aufenthalts- oder Ursprungsland. Die ungenaue Zeitangabe ist dadurch bedingt, dass in verschiedenen Ländern zu unterschiedlichen Zeitpunkten auf die Pandemieausbreitung politisch reagiert wurde – viele begannen damit Mitte März 2020. Das Sample beinhaltet jedoch auch Personen mit beispielsweise dem Aufenthaltsland Volksrepublik China, in der umfangreiche beschränkende Maßnahmen deutlich früher in Kraft traten.

Eine Möglichkeit, sich mit diesen Auswärtigen soziologisch zu beschäftigen, ist eine Auseinandersetzung innerhalb der Tourismussoziologie. Innerhalb dieser (umstrittenen) Subdisziplin der Soziologie werden vor allem die gesellschaftlichen Effekte von Tourismus auf die Besuchenden, die Besuchten und die zugehörigen Dienstleistenden untersucht. Insgesamt kann dabei ein Trend festgestellt werden, dass immer mehr Personen kurzfristig ins Ausland reisen (Wohlmann 1993). Aktuelle Zahlen von 2019 zeigen auf, dass 1,5 Milliarden Menschen mit deutscher Staatsangehörigkeit eine Auslandsreise zu touristischen Zwecken vorgenommen haben, wobei sich jedoch seit der weltweiten Ausbreitung von COVID-19 ein starker Rückgang abzeichnet und auch weiterhin erwartet wird (Bundesministerium für Wirtschaft und Energie 2020). Dabei wird Tourismus in gängiger Weise insofern definiert, dass „sämtliche Handlungen, die eine (freiwillige) und zeitlich begrenzte Entfernung vom üblichen Umfeld umfassen und die Elemente des Systems touristischer Dienstleister nutzen“ (Heuwinkel 2019: 13) inkludiert werden. Dabei wird häufig ein – feldnah erscheinender – Unterschied zum Reisenden angesprochen, welcher sich darauf bezieht, dass bei einem Touristen „davon ausgegangen wird, dass Touristen ganz und gar Touristen sind. Ein Reisender hingegen reist“ (ebd. 14), da bei diesem der Ortswechsel signifikant erscheint und weniger die Nutzung der touristischen Angebote.

Doch neben Touristen und Reisenden sind auch andere Gründe für Auslandsaufenthalte möglich, wie die Übernahme einer Arbeitsstelle im Ausland oder ortsgebundene Freiwilligenarbeit. Insbesondere ist hier die Gruppe der sogenannten Expatriates zu nennen, „deren Auslandsaufenthalt meist beruflich motiviert sowie in der Regel auf ein bis fünf Jahre befristet ist und im Rahmen einer Organisation oder eines hoch institutionalisierten Kontextes stattfindet“ (Kreutzer/Roth 2006: 12). Kreutzer und Roth (2006) arbeiten ausgehend von der Sozialfigur des Fremden von Georg Simmel[3] vier Dimensionen des Fremden in Bezug auf Expatriates heraus: die exkludierte Arme, die integrierte Lokalpatriotin, die Berufsnomadin sowie die Kosmopolitin. Zwischen diesen Extrema stehen vier weitere Typen, die die zugehörigen Dimensionen transnationaler Mobilität markieren: die Gastarbeiter, die Transmigranten, die Immigranten sowie die Vagabunden, in deren Mittelpunkt der Fremde seinen Platz findet. Dabei stehen die erarbeiteten Typen insbesondere im Spannungsfeld von Mobilität und Integration. Kreutzer und Roth gehen dabei jedoch von der

[3] Auf diese Definition wird an späterer Stelle detaillierter eingegangen.

zweifelhaften These aus, dass Menschen eine vollständige Eingliederung in die – in diesem Fall neue – Gesellschaft stets anstreben.
Zusammenfassend kann gesagt werden, dass die soziologische Forschung zu Auswärtigen im Allgemeinen bisher nur wenig vorangetrieben wurde. Dennoch sind vor allem quantitative Forschungen zum Tourismus (aber weniger zu Touristen) sowie zu im Ausland arbeitenden Personen zu finden. Dabei wird vermehrt auf soziologische Konstruktionen des Fremden verwiesen (wie zum Beispiel auch von Bauman 1995), der von den Einheimischen weder als Freund noch als Feind wahrgenommen wird. Weniger hingegen wird sich dabei jedoch auf die Sicht der jeweils als fremd eingeordnete Person bezogen, weshalb hier ein Forschungsdesiderat vor allem qualitativer Natur benannt werden kann.

2.4. Zwischenfazit zum Forschungsstand

Somit kann von Forschungsdesideraten ausgegangen werden, die sich in der soziologischen Pandemie- und COVID-19-Forschung insbesondere auf mikrostrukturelle Analysen beziehen. Die plötzlich aufgetretene Pandemie bringt aufgrund mangelnder Vorerfahrungen schwierig zu lösende Probleme sowohl auf makro-, meso- als auch mikrostruktureller Ebene mit sich, die eventuell sogar durch Anpassungen von Gewohntem und routinierten Lösungen bearbeitet werden müssen. Dies hat zu Folge, dass die COVID-19-Pandemie soziologisch als Krise verstanden werden kann und sich die Pandemiefolgen sowohl auf makro- und meso- als auf mikrostruktureller Ebene zeigen können. Die Krise auf mikrostruktureller Ebene ist dabei ebenfalls vor allem im Pandemiebezug nur mangelhaft aufgearbeitet. Im Zusammenhang mit dem Begriff der Krise, welche eine „Abweichung zu einer wie auch immer gearteten Normalität“ (Preunkert 2011: 434) darstellt, stellt sich somit auch die Frage, was jeweils unter Normalität verstanden werden kann und wie diese (wieder-)hergestellt wird. Bei bisheriger soziologischer Forschung zu insbesondere mikrostrukturellen Auswirkungen der COVID-19-Pandemie mangelt es in den bisherigen Forschungen außerdem an einer Fokussierung auf Auswärtige oder Gestrandete, die (un-)freiwillig im Ausland verbleiben, ohne weiter- oder ausreisen zu können. Dem folgend kann davon ausgegangen werden, dass mit dieser Studie ein Forschungsdesiderat bearbeitet werden kann.

3. Theoretische Rahmung

Innerhalb dieser Arbeit soll zur Beantwortung der Forschungsfrage mittels einer phänomenologisch-wissenssoziologischen Herangehensweise gearbeitet werden. Dabei fokussieren sich die Forschenden nach Knoblauch (2014) auf gruppen-, gemeinschafts- oder gesellschaftsspezifisches Wissen und dessen Anwendung, Verbreitung und Bewahrung. Das Wissen, welches das Zentrum der Forschung darstellt, ist demnach sozial bedingt (Maasen 2009). Dies bringt das Paradigma mit sich, dass innerhalb der Wissenssoziologie ein „reflexives Produkt der Entwicklungen, die sie selbst analysiert" (Schützeichel 2012: 18, Herv. i. O.), bearbeitet wird. Dabei werden strukturtheoretische, hermeneutisch-interpretative, interaktionistische und funktionalistische Ansätze vertreten, die sich fundamental sowohl in Bezug auf das Verständnis des Sozialen als auch des Wissens unterscheiden (Schützeichel 2012). In dieser Arbeit wurde eine hermeneutisch-interpretative Herangehensweise gewählt und damit versucht, die situative Sinngebung der untersuchten Subjekte zu rekonstruieren. Diese Herangehensweise wird dann als phänomenologisch betrachtet, wenn zusätzlich davon ausgegangen wird, dass der Ursprung eines Erkenntnisgewinns in Phänomenen, also unmittelbar gegebenen Erscheinungen, auftritt, wodurch sich die Forschenden auf die vier Motive Lebenswelt, Wahrnehmung, Erfahrung und Intentionalität fokussieren (Brinkmann 2020).

Die methodische Herangehensweise ist eng mit der theoretischen verknüpft, da die spezifischen Grundannahmen bestimmte Methoden und Methodologien in dieser Studie als potentiell erkenntnisreicher erscheinen lassen. Deswegen wird in diesem Kapitel zunächst der theoretische Kontext erläutert und dabei insbesondere die Sozialfigur des Fremden – unter dem Auswärtige häufig zusammengefasst werden – vorstellen, um im Anschluss daran die Sozialfigur des Besuchenden abzugrenzen und den Routinebruch, den diese Figur erlebt, zu besprechen.

3.1. Grundlagen der phänomenologischen Wissenssoziologie

Innerhalb der phänomenologischen Wissenssoziologie wird davon ausgegangen, dass die Wirklichkeit eine gesellschaftliche Konstruktion darstellt (Berger/Luckmann (2016 [1969]). Daraus resultiert, dass Dinge einem Subjekt so als wirklich erscheinen, wie es diese wahrnimmt. Alfred Schütz (1932) evozierte in seinen frühen Arbeiten eine handlungstheoretische Wende hin zu einer phänomenologisch beeinflussten verstehenden Soziologie, indem er das Subjekt innerhalb einer in sinnhaftem Handeln entstehenden Lebenswelt in den Fokus rückte. Der von Edmund Husserl (1952) inspirierte und anhand der Notizen von Schütz durch Thomas Luckmann nach dessen Tod ausgearbeitete Begriff der alltäglichen Lebenswelt wird dabei als „jener Wirklichkeitsbereich verstanden [...], den der wache und normale Erwachsene in der Einstellung des gesunden Menschenverstandes als schlicht gegeben vorfindet" (2003: 29). Das ‚schlicht gegeben' bezieht sich dabei auf das, was ein Subjekt als fraglos erlebt und beinhaltet demnach jegliche Sachverhalte, die dem Subjekt zunächst als unproblematisch lösbar erscheint, da ein spezifisches Rezeptwissen dem Subjekt durch seine Sozialisation zur Verfügung steht. Schütz (1932, 1971a, 1971b, 1971c) orientiert sich in seiner Soziologie vor allem an den Handlungen der Einzelnen und ihrem subjektiven Sinn, um damit die Konstitution der sozialen Welt durch die einzelnen Akteure zu entdecken. Dabei sieht er es als besonders wichtig für Handlungen an, dass mit deren Ausführung ein bestimmtes Ziel verfolgt werden soll. Einer solchen Handlung geht dabei ein Entwurf des Ablaufes voraus, bei der die Handlung, die ausgeführt werden soll, innerhalb der eigenen Phantasie vorweggenommen und auch bereits durchgespielt wird. Einer dieser Handlungsentwürfe muss für seine Ausführung mit einem gewissen voluntativem fiat – also einem Willen zur Umsetzung und damit zur Zielerreichung auf diesem Weg – versehen werden, der von dem Subjekt selbst ausgehen muss. Dabei stellt nach Schütz und Luckmann (2003) das Jetzt und das Hier den Ausgangspunkt eines Subjektes dar, um den sich die soziale Welt aufschichtet. Dadurch ist auch

Alltag für das Subjekt raum-zeitlich strukturiert. Den Kern der so konstruierten Wirklichkeit macht die Welt in aktueller Reichweite aus; die Gegenwart, auf die Subjekte unmittelbar und direkt durch ihre Handlungen einwirken können. Darüber hinaus sieht er die Welt in potentieller Reichweite innerhalb der nahen Zukunft des Subjekts. Zukunft gliedert sich in die Welt in wiederherstellbarer Reichweite, die sich einmal in der Reichweite des Subjektes befand und dabei auch wieder in diese gebracht werden kann, sowie in die Welt in erlangbarer Reichweite, auf die zwar gerade nicht zugegriffen werden kann, aber in einem absehbaren Zeitraum wieder in Reichweite gebracht werden kann.

Um beispielsweise eine solche angestrebte Reichweite wiederherzustellen, hat ein Subjekt nach Schütz und Luckmann (2003) einen spezifischen Wissensvorrat – das bereits angesprochene Rezeptwissen – für das Ausführen von eigenen, geplanten Handlungen sowie für das Verstehen von Handlungen anderer Personen. Dieses ist erforderlich, damit das Subjekt überhaupt einen zielgerichteten Einfluss auf die es umgebende Lebenswelt nehmen kann. Als Basis für Handlungen gilt somit die Mobilisierung des individuellen Alltagswissens, das von jedem Subjekt im Laufe seines Lebens erworben wird. Viele dieser Wissensbestände sind dabei insoweit zur Gewohnheit geworden, dass über deren Anwendung nicht mehr reflektiert werden muss. Dieses Gewohnheitswissen, das im Gegensatz zu explizitem Wissen steht, kann in drei Formen aufgeteilt werden. Zunächst sind dazu die Fertigkeiten zu nennen, die zuerst erlernt werden müssen, bevor sie zu den gewohnten und gewohnheitsmäßigen Funktionen des Subjektkörpers gehören. Sie werden von fast allen anderen Subjekten auf der Welt gewohnheitsmäßig ausgeübt, können dabei aber immer ein wenig anders ausgeführt werden. Ein Beispiel einer solchen Fertigkeit ist das Gehen. Darüber hinaus existiert eine Art Gebrauchswissen, das bestimmte Tätigkeiten umfasst, die zunächst vom Subjekt erlernt werden müssen, dann aber automatisch ablaufen können, ohne, dass ihnen große Aufmerksamkeit geschenkt werden muss. Diese Tätigkeiten können beispielsweise das

Holzhacken mit einer Axt oder das Rasieren mit einem Rasierhobel sein. Als dritte und letzte Form des Gewohnheitswissens nennen Schütz und Luckmann das bereits angesprochene Rezeptwissen, das in seiner Anwendung ebenfalls automatisiert und standardisiert abläuft, dabei aber speziellere Fähigkeiten umfasst, die nur von bestimmten Personenkreisen erlernt werden. Als Beispiel können hierzu der Umgang eines Bauern mit seinem Maisfeld während Wetterveränderungen oder auch das Beachten von Gefahren beim Autofahren genannt werden. Die Übergänge zwischen diesen Wissensformen sind fließend. Dabei ist die Anwendung des Wissens daran gebunden, dass ein Subjekt innerhalb einer Gruppe an Subjekten handelt, in der es nicht fremd ist und ihm bekannt ist, was als normal wahrgenommen wird.

3.2. Soziale (Un-)Ordnung und natürliche Einstellung

Nach Link (2009a, 2009b), der die okzidentale Kultur als eine normalistische einordnet, orientieren sich Normalisierungen „am Maßstab von ‚Normalitäten' und ‚normal' sind langjährige statistische Durchschnitte" (2009b: 39). Dabei versteht Link Stabilität als das, was als Normalität wahrgenommen wird. Stabilität und damit auch Normalität sind demnach von der Annahme eines Subjekts geprägt, dass die Wirklichkeit um es herum berechenbar und vorhersehbar erscheint – also in Ordnung ist.

Ordnung ist ein Begriff, der vor allem von Max Weber in die Soziologie eingeführt wurde. Er verblieb zunächst undefiniert, kann aber als Begriff „zur Erfassung normativer Strukturen" (Seyfahrt 1994: 477) verstanden werden. An dieser Ordnung kann das Subjekt sein soziales Handeln orientieren. Insgesamt kann Ordnung in vielerlei Hinsicht verstanden werden und dadurch auch unterschiedliche Gegenpole haben (Schwietring 2020). Hillmann beispielsweise löst sich etwas von Seyfahrts Lesart ab und versteht unter Ordnung einen Begriff, der „einen stabilen, dauerhaften, ganzheitl[ichen] Zus[ammen]hang v[on] Teilen u[nd] Elementen aufgrund bestimmter Gesetzmäßigkeiten oder Prinzipen" (1994: 637) bezeichnet.

Weitergehend beschreibt er, dass „sich Ordnung auf den durch Weltanschauungen, Werte, Normen, Sanktionen u[nd] Herrschaftsverhältnisse stabilisierten Struktur- u[nd] Wirkungszus[ammen]hang der Gesamtges[ellschaft], ges[ellschaftlicher] Teilbereiche u[nd] sozialer Gebilde“ (ebd.) bezieht. Eine wissenssoziologischere Herangehensweise sieht Ordnung als ein spezifisches Verhältnis zwischen subjektivem Sinn und objektiver Gegebenheit (Berger/Luckmann 2016 [1969]). In diesem befindet sich das moderne Individuum, von dort aus legt es seine Welt für sich sinnvoll aus und greift handelnd in diese ein. Man könnte dabei sogar vom Verhältnis zwischen Handlungen und Gegebenheiten sprechen, welches durch die kontinuierliche Reproduktion an Stabilität gewinnt. Dass die kontinuierliche Reproduktion dessen auch problemlos möglich ist, bezeichnet Schütz (1971b) als natürliche Einstellung innerhalb der Alltagswelt. Aufgrund derer nimmt ein Subjekt die Existenz und die eigene Interpretation der Erfahrungswelt als fraglos gegeben beziehungsweise als selbstverständlich hin.

Hans-Georg Soeffner arbeitet im Gespräch mit Jo Reichertz (2004) heraus, dass Ordnung häufig aufgrund beziehungsweise vor dem Hintergrund einer das Subjekt umgebenden Krise aufgebaut wird, weshalb die so aufgebaute Ordnung häufig einen dysfunktionalen Charakter hat. Aufgrund dieser Bedrohung wird das Subjekt dazu angehalten, ordnungsstiftend zu handeln. Damit sich das Subjekt aus der krisenhaft erfahrenen Vereinzelung entheben kann, sind Symbole und Rituale von immenser Bedeutung (Soeffner 2000). Rituale sind dabei „Verknüpfungs- und Orientierungselemente einer einheitlichen symbolischen Wirklichkeitsdeutung“ (Soeffner 1989: 179) und können auf diese Weise Ordnung reproduzieren. Medien können nach Bartels (2013) ebenfalls auf Expertenwissen – ähnlich der Rituale – zurückgreifen, um das außerordentliche, krisenhafte Ereignis in Strukturen einzubetten, die bekannt sind und somit Krisenbewältigungsmaßnahmen umgesetzt werden können, die eine Ordnung wiederherstellen. Ähnliches wird auch bei Dörner und Vogt (2020) am Beispiel des empirischen Datums herausgearbeitet. Somit scheint Ordnung etwas zu sein, was ein Subjekt handelnd über sein individuelles Wahlverhalten herstellen kann (Soeffner 1989). Inwiefern diese Ordnung bewusst reproduziert wird, ist an dieser Stelle unerheblich. Dennoch stellt sich die Frage, ob und wie die natürliche Einstellung als auch die Annahme von sozialer Ordnung beibehalten werden kann, wenn man als Außenstehender zu einer Gruppe dazustößt.

3.3. Die Sozialfigur des Fremden

Die Sozialfigur des Fremden wurde unter anderem von Alfred Schütz (1972a) idealtypisch besprochen und gilt bis heute neben den Arbeiten von Georg Simmel (2016 [1908]), Werner Sombart (1920 [1911]), Ferdinand Tönnies (1913) und Robert E. Park (1969) zu den richtungsweisenden Auseinandersetzungen mit dem Phänomen der Fremdheit (vgl. dazu Bodemann 2010, Merz-Benz/Wagner 2002). Schütz selbst jedoch bezeichnete seine Arbeit nie als den Versuch der Entwicklung einer Sozialfigur. Dennoch kann die vorgenommene Typisierung als solche gewertet werden, wenn man wie Moser und Schlechtriemen eine Sozialfigur sieht, wenn es bei ihrer Beschreibung um Sinnkonfiguration und keine -definition geht, sondern vielmehr „um eine Akzentuierung und Bündelung charakteristischer Merkmale“ (2018: 173).

Schütz‘ eigene krisenhaften Erfahrungen haben laut Endreß (2006) weitläufig zur Aufarbeitung der Thematik und somit der Sozialfigur des Fremden beigetragen: als Jude emigrierte er aus Österreich zunächst 1938 nach Frankreich und ein Jahr später in die USA. Dieser Gang ins Exil war auf Dauer angelegt und erschien ohne eine wirklich absehbare Rückkehroption, bot ihm aber wie auch andere Lebenserfahrungen die Grundlage für eine theoretische Reflexion. Ausgehend von den phänomenologischen und handlungstheoretischen Grundideen der Soziologie von Schütz wird der Fremde als „ein[] Erwachsene[r] unserer Zeit und Zivilisation [betrachtet], der von der Gruppe, welcher er sich nähert, dauerhaft akzeptiert oder zumindest geduldet werden möchte“ (1972a: 53). Wenn nun das Subjekt versucht, sich als Fremder einer Gruppe anzunähern, wird es nicht automatisch Gruppenmitglied und nimmt an den geteilten und gemeinsamen Erfahrungen der Gruppe teil. Stattdessen erlebt es sich zunächst als eine Art Zuschauer und muss sich mit den sozial-raum-zeitlichen Ausdrucks- und Lebensweisen der angenäherten Gruppe vertraut machen, um ein angehendes Mitglied werden zu können (Schroer 2017). Als Ziel beziehungsweise Aufgabe des Fremden gilt dabei, dass die bisherige Fremdheit der angenäherten Gruppe in eine Vertrautheit überführt wird, um den Fremdenstatus zu überwinden.[4] Schütz arbeitet insbesondere heraus, dass der Fremde mit seinem Denken-wie-üblich in der neuen Gesellschaft nicht mehr agieren kann, da diese sich grundlegend von seiner Ursprungsgesellschaft unterscheiden kann. Stichweh nutzt in seiner Schütz-Exegese die Bezeichnung der „Inkommensurabilität zweier Kulturen“ (1992: 297) und interpretiert, dass Kulturen in sich geschlossene Universen bilden, welche keine universellen Übersetzungsregeln mit sich bringen und die fremdkulturelle Umgebung den Fremden in seiner Orientierung in der Gesellschaft stören. Die aufnehmende Gesellschaft befeuert dies zusätzlich, da diese dem Fremden mit einer gewissen Skepsis vor allem in Bezug auf dessen Loyalität für die Gruppe gegenübersteht.

Auch Georg Simmel (2016 [1908]) bespricht die Loyalität des Fremden. Er sieht den Fremden als eine Einheit aus Ferne und Nähe, da er sowohl als Element der Gruppe als auch als außenstehend betrachtet wird. In diesem Sinne ist der Fremde ausgeschlossen und steht im Gegensatz zur Gruppe. So sieht er insbesondere Händler als Vermittler von fremden Gegenständen, Kulturen oder anderem, die in die Gruppe hinein wirken. Der Fremde ist dabei nicht durch beispielsweise Verwandtschaft, Beruf oder Ort ein organischer Teil der Gruppe, wodurch diesem eine spezifi-

[4] Auf die Sozialfigur des Fremden lässt Schütz die des Heimkehrers (1972b) folgen, der nach einer Zeitspanne in seine Heimat zurückkommt und dabei die Erwartung hat, in eine ihm vertraute Umgebung zurückzukehren. Diese Umgebung hat sich jedoch während seiner Abwesenheit gewandelt.

sche Objektivität zugesprochen wird. Diese Objektivität bringt neben Freiheit von der Gruppe aber auch potenzielle Gefahren mit sich, da zwar eine Beziehung zur Gruppe vorhanden ist, die Loyalität zu dieser jedoch nicht per se besteht, wie es auch bei Stichweh (1992) in Frage gestellt wird. Zusammenfassend könnte Simmels Fremder als eine Person betrachtet werden, die zu einer ihr neuen Gesellschaft dazustößt und bei dieser verbleiben möchte. Es besteht dabei in diesem Zusammenhang die Möglichkeit, irgendwann in der Zukunft die angenäherte Gesellschaft wieder zu verlassen; diese rückt aber nicht in den Vordergrund.

Werner Sombart (1920 [1911]) bespricht den Fremden anhand des Beispiels der Juden und rechnet diesen dabei besondere kapitalistische Fähigkeiten zu. Er sieht sie als fremd an, da sie durch die Religion im Gegensatz zu den sie umgebenden Nicht-Juden eine abgeschlossene Gruppe gegenüber ihrer „Wirtsvölker" (ebd.: 206) bildeten, die sie fast schon parasitär nutzten. Juden spricht er dabei eine gewisse fremdenfeindliche Gesinnung zu, da sie „zusammengeschlossen und darum abgesondert" (ebd.: 282) leben (wollen). Im Gegensatz zu Simmel baut er also ein deutlich segregierteres Bild des Fremden auf, indem er den Juden als Sinnbild eines Eindringlings bespricht. Auf diese Sichtweise soll hier aufgrund der Fokussierung auf jüdische Volkgruppen und der antisemitischen Gesinnung des Textes nicht weiter eingegangen werden. Gleiches gilt für Ausarbeitungen von Ferdinand Tönnies (1913), der sich ebenfalls auf den Juden als Fremden bezieht und ihn als einen modernen Händler darstellt, der zentral für den Kapitalismus ist. Der Fremde sei dabei zwar weder durch Objektivität noch durch Freiheit gekennzeichnet, aber würde versuchen, die Traditionen innerhalb der Gruppe des Gastvolkes aufzulösen.

Daneben stellt Robert E. Park (1969), ein Schüler Simmels, seinen Fremden als Randseiter (im britischen Original: *marginal man*) dar, der zwischen zwei unterschiedlichen Gesellschaften steht. Da er parallel in diesen zwei Gesellschaften lebt, ist er stets einer gewissen Widersprüchlichkeit ausgesetzt und hat mit Inkommensurabilität zu kämpfen. Der *marginal man* trägt einen Konflikt zwischen dem geteilten, dem alten und dem neuen Selbst in sich, wodurch er an den ihn umgebenden Kulturen zwar teilhat, aber nicht dazugehört.[5] Die Verarbeitung dieses krisenhaften Widerspruchs kann jedoch dazu führen, dass der Fremde einen unvoreingenommeneren Standpunkt einnehmen kann, wodurch eine Erweiterung des Horizonts und des Intellekts eintreten können.

In der aktuelleren Literatur wird das Fremdsein vermehrt als Beziehungsmodus verstanden und damit als „soziale und kulturelle Kategorie“ (Nassehi 2016: 3). Durch die vermehrte Sichtbarkeit der Fremden in der derzeitig „entstehenden Weltgesellschaft“ (Stichweh 1992: 311) könnte jedoch auch „die soziale Figur des Fremden zum Verschwinden“ (ebd.: 312) gebracht werden. In einer späteren Arbeit (Stichweh 1997) bespricht er die Frage, ob durch die Existenz einer Weltgesellschaft die Sozialfigur des Fremden verunmöglicht wird. Dabei bezieht er sich beispielsweise auf James Baldwin (1955), der autobiographisch unter anderem von seinen Erfahrungen als Afroamerikaner in einem Schweizer Bergdorf und über seine andere Wahrnehmung von Kultur im Verhältnis zu einheimischen Personen berichtet. Später geht Stichweh davon aus, dass „[d]er Fremde [...] oft ein Kosmopolit [ist], der nur deshalb ein Fremder genannt wird, weil eine globale gesellschaftliche Ordnung sich noch nicht konsolidiert hat“ (2010: 7). Dabei zeigt er an, dass die Sozialfigur des Fremden heute durch die Allgegenwärtigkeit der Fremde nicht mehr zeitgemäß sein könnte. Stattdessen geht er von der Existenz von Weltbürgern aus, die sich gekonnt in jedem von ihnen gewählten Winkel der Welt bewegen und dort handeln können. Vergleichbares erarbeitet auch Hirschauer, der davon berichtet, dass es „massenhaft ‚insignifikante Andere‘ in momenthaften Begegnungen ohne Vergangenheit und Zukunft“ (1999: 240) gibt, weshalb

[5] Ähnliches ist auch beim Intersektionalismus zu finden. Dieser möchte den Blick darauf ziehen, dass eine Person, die zu zwei oder mehr marginalisierten beziehungsweise diskriminierten Gruppen zugehörig ist, andere Diskriminierungserfahrungen hat als die Personen, die nur einer der Teilgruppen angehören. So stellt es sich nach dieser These anders dar, als afrodeutsche Frau benachteiligt zu werden, als die Kombination aus den Erfahrungen als Frau sowie als afrodeutsche Person.

der praktische Vollzug von Fremdheit alltäglich ist und diese Beziehungslosigkeit zueinander auch aktiv aufrechterhalten wird und auch problemlos aufrechterhalten werden kann.

Als eine der neueren Ausarbeitungen des Fremden stellt Zygmunt Bauman diesen neben den Freund und den Feind (Schroer 2014). Der Fremde wird als ausgesprochen ambivalent dargestellt, da dieser „die Vergesellschaftung selbst, die Möglichkeit der Vergesellschaftung“ (Bauman 1995: 75) bedroht. Der Fremde hinterfragt bestehende klare sowie meist antagonistische Beziehungsmuster und „zeigt durch seine Anwesenheit bereits die Imperfektion des Klassifikationssystems“ (Junge 2002: 87) auf, da er in keine der bestehenden Kategorien zweifelsfrei eingeordnet werden kann. Später bearbeitet Bauman (2007) den Fremden auch aus dessen Perspektive und unterscheidet dabei beispielsweise zwischen Pilgern, die ihr Glück stets an einem anderen Ort vermuten und deswegen dieser Utopie hinterherziehen und den Flaneuren, für die das Zusammentreffen mit Anderen zum konsequenzlosen Konsum wird. Der davon differenzierte Vagabund in der Postmoderne hingegen verbleibt als Fremder, ist dabei stets auf der Suche nach einem Gefühl von Zugehörigkeit, der Tourist jedoch hat eine Heimat (welche sowohl als Sicherheit und Freiheitsentzug wahrgenommen wird) und ist in der Fremde auf der Suche nach Erfahrungen.

All diesen Definitionsversuchen gemein ist, dass der Fremde auf Dauer neben oder in einer Gruppe unterwegs ist und ursprünglich aus einer anderen kommt. Dies trifft jedoch nicht auf die Auswärtigen zu Beginn der COVID-19-Pandemie zu, da diese zwar ebenfalls aus einer anderen Gruppe kommen, in diese planmäßig aber auch nach Ablauf einer gewissen Zeitspanne zurückkehren wollen und in der Übergangsphase in einer Art Kopräsenz verbleiben. Von dieser Definition der Sozialfigur des Fremden werden also Besuchende, deren Kontakt zu einer Gruppe sich nur vorübergehend gestaltet, nicht erfasst, da sie nicht planen, den eigenen Fremdenstatus zu ändern, weshalb sie nicht einfach der Sozialfigur des Fremden zugerechnet werden können. Bei späteren Auseinandersetzungen mit dem

Fremden – wie der von Zygmunt Bauman – lässt sich ein weit differenzierteres Bild erkennen, das nicht den Fremden per se als Sozialfigur definiert, sondern verschiedene Typen von auswärtigen Personen bearbeitet.

3.4. Die Sozialfigur des Besuchenden

Im Gegensatz zum Fremden wurde der Besuchende als Sozialfigur innerhalb der Wissenssoziologie nicht aufgearbeitet, sondern nur in seiner Differenz zum Fremden benannt. Diese Abgrenzungen werden hier genutzt, um herauszustellen, wie die Figur des Besuchenden verstanden werden kann. So haben Besuchende einen anderen Handlungsentwurf, von dem sie bereits bei der Abreise in die Fremde ausgehen. Zusätzlich bleibt ihnen stets der Sinnzusammenhang zur eigenen Lebenswelt präsent, auch wenn sie ihre Alltagswirklichkeit, von der sie ursprünglich aufbrachen, zeitlich befristet abwerfen (Schirrmeister 2002). Somit verbleiben sie auf der Ebene eines Zuschauenden, der an den Erfahrungen der einheimischen Gruppe per se nicht teilhat und nur plant, bis zu einem gewissen Grad der Vertrautheit an der angenäherten Gruppe teilzuhaben. Diese Planung beinhaltet auch, nach dem Ablauf einer bestimmten Zeitspanne wieder zu gehen, wodurch ein Besuchender kein pragmatisches Interesse innerhalb der lokalen Gegebenheiten hat. So kann man als Besuchender zwar beispielsweise lokale Tempel besichtigen, wird aber nicht anfangen, die spezifischen Traditionen der Mischung aus Hinduismus und Buddhismus in den jeweiligen Praktiken bis ins kleinste Detail vor Ort zu erlernen, um als Teil der newarischen Volksgruppe akzeptiert zu werden. Ein Fremder jedoch, der versucht, sich dieser Gruppe anzunähern, würde dies tun. Als Besuchender wird die Umgebung, in der die Person sich befindet, nicht einziger Punkt des Handelns und Wirkens, womit eine gewisse Handlungsentlastung (zum Beispiel in Bezug auf die Toleranz gegenüber nicht der Gruppe entsprechendem Verhalten) einhergeht. Zusammenfassend hat das Subjekt als Besuchender einen bestimmten Hinwendungsmodus, der auf einen gewissen Bereich beschränkt ist. Dauerhaft akzeptiert oder geduldet zu werden, gehört dabei jedoch nicht dazu. Dieser Hinwendungsmodus – Nassehi (2016) würde vom Beziehungsmodus sprechen, Schütz und Luckmann (2003) nennen ihn auch attention à la vie oder Aufmerksamkeitszuwendung – ist dabei durch diesen spezifischen Handlungsentwurf bestimmt, dass der Aufenthalt in der Fremde zu einem festgesetzten Zeitpunkt beendet wird. Somit haben die Besuchenden kaum noch stark irritierende Fremdheitserfahrungen.

Auch wenn man sich die Gruppe ansieht, die besucht wird, sind diese großen Fremdheitserfahrungen nicht mehr gegeben. Führten sie früher zu einer Ausgrenzung und Denunzierung von Personen, werden diese nun als Besuchende aufgenommen und beispielsweise als willkommene Möglichkeit gesehen, um Geld zu verdienen. Wenn wir bereits in der von Stichweh (2010) prognostizierten Weltgesellschaft leben, könnten Besuchende nicht länger als Störung oder Irritation empfunden werden, da die besuchte Gesellschaft diese mit dem bestimmten Hinwendungsmodus „zurück"akzeptiert. Im Sinne von Hirschauer (1999) stellen sie somit einen steten Teil des Alltags und einen wichtigen Teil der Moderne dar.

Zuvor war die Notwendigkeit der lokalen Bevölkerung, sich auf die hinzukommende Person einzulassen, bereits bei Simmel (2016 [1908]) bemerkbar. Er differiert nicht den Besuchenden vom Fremden, sondern den Wanderer, der heute kommt und morgen geht. Dieser bleibt dabei stets der „potenziell Wandernde, der, obgleich er nicht weitergezogen ist, die Gelöstheit des Kommens und Gehens nicht ganz überwunden hat" (764). Besuchende sind hier also Subjekte, die gelöst „von jedem gegebenen Raumpunkt der begriffliche Gegensatz zu der Fixiertheit an einem solchen" (ebd.) sind. Dabei sind sie dennoch abhängig von lokalen Bevölkerungen oder zumindest Gegebenheiten, dass diese sie beispielsweise mit Nahrung und Unterkunft versorgen. Diese Gelöstheit wird dabei zusätzlich insoweit kontrolliert, indem sie zeitlich fixiert und dadurch zu einer inneren, dem freien Willen ausgesetzten Dauer wird.[6] Die zeitliche Fixierung vergegenständlicht also den Besuch und damit auch den Besuchenden. Wenn diese jedoch wegfällt, kommt es zu einem Routinebruch.

3.5. Der Routinebruch

Als Routine sehen Schütz und Luckmann (2003) das Gewohnheitswissen, welches automatisch angewendet werden kann, ohne eigens thematisiert werden zu müssen, sodass dieses „ohne Aufmerksamkeitszuwendung [...] ausgeführt werden kann. Routine ist ständig griffbereit, ohne in den eigentlichen, gesonderten Griff des Bewußtseins zu kommen“ (2003: 160), weshalb sie allgegenwärtig erscheint, aber häufig nicht thematisiert wird. Folglich ist ein Routinebruch, dass das Gewohnheitswissen nicht weiterhin automatisch angewandt und in entsprechenden Handlungen vollzogen werden kann, weshalb das Subjekt nun zu einer Aufmerksamkeitszuwendung auf diese gezwungen ist.

Genau einen solchen Routinebruch erlebten die Auswärtigen durch die weltweiten politischen Maßnahmen aufgrund der COVID-19-Pandemie: es brach die Routine der zeitlichen Fixiertheit in der Vergegenständlichung als Besuchender, der zu einem ausgewählten Zeitpunkt die Fremde verlässt. Sie wurden damit zu Gestrandeten. Den Besuchenden droht das zu entgleiten, was sie am stärksten von den Einheimischen unterscheidet: das bereits geplante Ende des Aufenthaltes am spezifischen Ort. In Nepal stellte sich dies explizit beispielsweise so dar, dass keine Trekkingpermits mehr ausgestellt wurden, die Hotels teilweise oder ganz schließen mussten, das Haus nur zu bestimmten Zeiten verlassen werden durfte und die (inter-)nationalen Transportmöglichkeiten fast komplett eingestellt wurden. Durch diese Ausgangssperren und das Herunterfahren aller nicht überlebensnotwendigen Infrastruktur vor Ort kann sich der Besuchende die ur-

[6] Zu inneren Dauer vergleiche Bergsons (1910) durée sowie die Weiterentwicklung von Husserl (2013 [1928]) zum inneren Zeitbewusstsein, die beide nicht von einem freien Willen darin ausgehen. Zeitaktuellere Besprechungen dazu können bei Göttlich (2018) sowie Krampe et al. (2021) gefunden werden.

sprünglich entworfene Handlung des geplanten Verlassens der Fremde oder der touristischen Aktivitäten nicht mehr durch schrittweise vollziehendes Handeln herbeiführen. Der Besuchende kann zwar noch immer planen, ein bestimmtes Flugzeug zu nehmen, diesen Handlungsentwurf mangels Starterlaubnis aber genauso wenig durchführen wie den Trek, wenn keine Hotels geöffnet sind oder der Bus zum Ausgangspunkt der Trekkingtour nicht die Stadt verlassen kann.

Zusammenfassend gesagt: Als Auswärtiger wurde man durch die politischen Maßnahmen der Ausgangssperren und infrastrukturellen Veränderungen daran gehindert, seinen Routinen folgend zu handeln. Damit ist man zur Reflexion und zu handelnder Problemlösung gezwungen – mit dem primären Ziel, weiter handlungsfähig zu bleiben. Dies ist notwendig, da die von Schütz (1971c) benannten Kontinuitäts- und Konstanzannahmen wegfallen. Als Kontinuitätsannahme beschreibt er im Anschluss an Edmund Husserl dabei die alltägliche Annahme dessen, dass die ein Subjekt umgebende Welt so bleiben wird, wie sie derzeit erlebt wird, sodass von einem „und-so-weiter" ausgegangen werden kann. Übertragen auf die Auswärtigen im vorgenannten Beispiel wäre dies beispielsweise, dass der Besuch fortgesetzt werden kann, Hotels geöffnet sind und der Bus zum nächsten Ziel abfährt. Die Konstanzannahme hingegen ist die Idee, dass bereits erworbenes Wissen auch in Zukunft weiter anwendbar bleibt, um neue Situationen zu bewältigen. Dies kann auch als ein „ich-kann-immer-wieder" beschrieben werden. Kontinuitäts- und Konstanzannahmen werden als die jeweilige Idealisierung von Weltstruktur verstanden, die wesentliche Aspekte des Denkens bilden. Ein Alltagsmensch verfügt also über bestimmte erlernte und vorgegebene Wissensbestände, die als geordnete und feste Muster eine Art von Bezugsschema bilden, auf das sich situativ bezogen werden kann, um die Welt um sich herum auszulegen und auszudeuten. Wenn dieses Bezugsschema nun nicht mehr zur Problemlösung einer Situation angewendet werden kann, wird dadurch die Wirklichkeit des Subjekts, die eigentlich unhinterfragbar ist, fragwürdig. Das Subjekt muss sich also, um trotz des Routinebruchs weiterhin handlungsfähig zu bleiben, vom Denken-wie-üblich lösen und andere Handlungsentwürfe hervorbringen, sich innerhalb der vorliegenden Situation neu orientieren und anpassen. Dabei muss es das Subjekt bis zu einem gewissen Grad ebenfalls schaffen, anzuerkennen, dass es andere Wirklichkeitsperspektiven geben kann und, dass diese legitime Problemlösungsstrategien mit sich bringen können (Zifonun 2020).

3.6. Zwischenfazit zur Theorie

Die Auswärtigen zu Beginn der COVID-19-Pandemie sahen sich einer notwendig gewordenen Neuorientierung zur Entwicklung angepasster Handlungsentwürfe gegenüber. Sie mussten bleiben, wo sie sich gerade aufhielten. Doch genau dies stellt keine Problemlösung dar, sondern bricht erst die Routine und nimmt dem Besuch die zeitliche Fixierung. Die Auswärtigen sind nun dazu angehalten, die Situation, der sie sich gegenübersehen und die ihnen bis zu einem gewissen Grad unbekannt ist, sinnverstehend zu ordnen, sie auszulegen und für sich zu verstehen, um einen umsetzbaren Handlungsentwurf überhaupt ermöglichen zu können. Das Ziel der (Wieder-)Herstellung der Ordnung ist es somit, als Auswärtiger zu Beginn der COVID-19-Pandemie trotz der politischen Eindämmungsmaßnahmen handlungsfähig zu bleiben, indem als notwendig erachtete Ordnung gestiftet wird. Diese Ordnungsstiftung ist, wie gezeigt, aber nicht Übernahme der fremden Ordnung in die eigene, sondern die selbstständige Neustrukturierung alltäglicher Ordnung. Um dies empirisch anzubinden, soll im Folgenden zunächst die Methode und Methodologie, die zur Erforschung dessen angewendet wurde, besprochen werden.

4. Methode und Methodologie

Die Auswahl der verwendeten Methoden und der zugehörigen Methodologie ist innerhalb der soziologischen Forschung eng mit den theoretischen Vorannahmen sowie dem Erkenntnisinteresse verbunden. Da in dieser Studie nach den Ordnungs- und Stabilisierungsleistungen der Auswärtigen gefragt wird, bietet sich zur Datenerhebung insbesondere die Verwendung von Interviews an, die durch ethnographische Momente erweitert werden. Im Folgenden wird deshalb zunächst die Datenerhebung vorgestellt. Daran anschließend wird die vorgenommene Datenauswertung beschrieben. Dadurch soll die Forschungsfrage bearbeitet werden, wie die Auswärtigen auf Basis welcher Orientierungsvorhaben ihr Handeln stabilisieren, um trotz der sie umgebenden Unsicherheit handlungsfähig zu bleiben.

4.1. Datenerhebung

Innerhalb dieser hermeneutisch-wissenssoziologischen Arbeit wird als primäres Datenerhebungsinstrument – wie bereits benannt – das Interview verwendet. Diese Daten werden durch weitere Datensorten ergänzt, die sich unter anderem auf meine eigenen Erfahrungen als Auswärtige und Gestrandete zu Beginn der COVID-19-Pandemie sowie die meiner Kollegen beziehen, wodurch die Interviewstudie um ein ethnographisches Moment erweitert wird. Dies bietet die Möglichkeit, tiefergehender in manche Details und Zusammenhänge zu blicken und durch eigene Reflexionen zu verdichten. Die eigenen Erfahrungen bieten dabei auch den Ausgangspunkt für die Durchführung der Interviews. Zur Darstellung wird zunächst die gewählte Interviewform vorgestellt und kurz begründet. Anschließend folgt eine Besprechung des Vorgehens zur Auswahl der Interviewpartner sowie zur konkreten Umsetzung der Interviews. Zuletzt wird genauer dargestellt, welches zusätzliche Datenmaterial in der Studie Verwendung fand.

4.1.1. Interviews

Seit Anbeginn der qualitativen Sozialforschung ist das Interview ein wichtiges Instrument der Datenerhebung, welches sich nach Deppermann (2013) vor allem durch acht Vorteile auszeichnet: Zunächst bietet das Interview die Möglichkeit, Daten zielgerichtet zu erfassen und dabei auch in Bezug auf Ressourcen wie Zeit und Planbarkeit ökonomisch erheben zu können. Dies führt dazu, dass es die Möglichkeit bietet, durch geringere Zugangshürden größere Stichproben zu erheben, in denen auch ein gewisses Maß an Vergleichbarkeit ermöglicht wird. Innerhalb eines Interviews können so Einsichten in sonst verschlossene Bereiche wie auch historisch-biografische Dimensionen gewonnen werden und mithin subjektive Sinnsetzungen der Untersuchten direkt erfragt werden, genau wie ein Zugriff auf Makrostrukturen erlangt werden kann. Was ein Interview dabei jedoch genau für Daten liefert, ist stark von der spezifischen Umsetzung und Ausführung des Interviews abhängig. Kritiker des Interviews bezeichnen dieses jedoch als methodisch kontrollierte, funktionale Erzählung eines Interviewpartners (Gülich 1980, Honer 2011). Dies impliziert eine gewisse Zielsetzung wissenschaftlicher Verwertbarkeit und wird als feldverändernd verstanden. Auf unter anderem diese Kritik antwortend und um andere Fragestellungen innerhalb eines Interviews bearbeiten zu können, wurden in den letzten Jahren viele Weiterentwicklungen vorgenommen, die sich vornehmlich mit der Interviewführung beschäftigen und eine interaktionsanalytischere Herangehensweise an das Interview zum Thema haben (dazu zum Beispiel zusammenfassend Deppermann 2013). Hierbei stellt sich jedoch die Frage, inwieweit das Interview innerhalb einer sinnrekonstruierenden Sozialforschung fruchtbar sein kann und inwieweit sich Gesprächsteilnehmer im Interview gegenseitig mit wechselseitiger Erfahrungsauslegung informieren können. Dafür soll zunächst die Interaktionsordnung innerhalb eines traditionellen Interviews (sei es nun narrativ, leitfadengestützt, ethnografisch oder etwas anderes) betrachtet werden.

Eine wesentliche Besonderheit des Interviews ist, dass hier zwei oder mehr sich bisher meist fremde Personen zusammenfinden. Dies kann sich als Nebeneinander äußerst unterschiedlicher Sinngemeinschaften darstellen. Wenn Menschen aus unterschiedlichen Sinngemeinschaften aufeinandertreffen, kann dies nach Berger und Luckmann (1995) zu einer Sinnkrise führen. Da dennoch ein Interview durchgeführt werden kann, liegt es nahe, dass die traditionelle Interviewordnung bestimmte Formen von Interaktionsritualen bieten kann, um dieses „Aufeinanderprallen verschiedener Wertordnungen und Weltansichten“ (Berger/Luckmann 1995: 31) zu kontrollieren – und zwar im Rahmen einer funktionalen Erzählung. Unterschiedliche Interviewformen bieten dabei diverse Ansätze der methodischen beziehungsweise interaktionistischen Kontrolle. So bietet bei vorstrukturierten Interviews beispielsweise ein Leitfaden ein Skript für das Interaktionsgeschehen und bei narrativen Ansätzen die eröffnende Frage oder Stellungnahme einen Punkt, auf den sich bezogen werden kann und der einen Interaktionsrahmen für das Interview bietet. Dennoch ist diesen Ausprägungen gemein, dass sie Teil eines außeralltäglichen Interaktionsrituals sind.

Ein weiterer typischer Bestandteil dieser rituellen Ordnung ist, dass die eine Seite eine Form von Fragerecht zugeordnet bekommt (nämlich der Forschende beziehungsweise der Interviewende) und die andere Seite diese Frage beantwortet (der Interviewpartner). Dieses Rederecht geht dabei jedoch mit der Pflicht einher, sich mit dem zuvor formulierten Themenhorizont zu befassen und darin lebensweltliche Erfahrungen auszulegen, deren Beschreibung von innen heraus die Hauptintention der qualitativen Forschung darstellt (Flick 1996). Dabei wird die bereits angesprochene lebensweltliche Erfahrung von dem Interviewpartner in eine dem Interviewenden nach Ansicht des Interviewpartners verständliche Ausdrucksweise übersetzt. Somit passt sich der Interviewte zumeist bis zu jenem Grad an den situationsbedingten Gesamtzusammenhang an, dass dieser davon ausgehen kann, verstanden zu werden. Dabei wird ihm durch den Interviewenden auch ein Wissen über den Forschungsgegenstand zugestanden. So werden unvermeidlich zweckrationale Handlungsbereiche im Interaktionsrahmen eingeteilt und dabei auch legitimiert. Dadurch wird ein solches Gespräch über den Forschungsgegenstand unter Fremden überhaupt möglich, ohne dass die Gesprächsteilnehmer die ihnen anhängenden Werteordnungen aufgeben müssen. Das so arrangierte Aufeinandertreffen beinhaltet eine „spezifisch ausgedehnte Sequenz symbolischer Handlungen" (Goffman 2013 [1959]: 323), die ebendort als zeremonielle Idiome bezeichnet werden. Dazu gehört auch die das Interview begleitende Gesprächssicherung, welche die zeitliche Fixierung des Ein- und Austretens in das Interview und damit das Interaktionsritual markiert.[7] Für diese Gesprächssicherung bieten sich je nach Situation und Forschungsfrage verschiedene Möglichkeiten an, beispielhaft seien Protokolle, Audio- oder Videoaufnahmen genannt.

Die sich aus dem Verständnis des Interviews als Interaktionsritual ergebene wesentliche Konsequenz ist, dass sich das Wissen über dieses zeremonielle Idiom nicht ausschließlich auf Seiten der Forschenden befindet. Darüber hinaus hat auch der jeweilige Interviewte eine bestimmte Vorstellung darüber, wie das Interview ablaufen könnte. Gleiches gilt auch bezüglich der wissenschaftlichen Grundlagen des Vorhabens.[8] Zwar müssen alle Gesprächspartner nur das zeremonielle Idiom des Interviews bis zu „jenem Grad verstehen, der nötig ist, um [...] handeln und [...] wirken zu können" (Schütz/Luckmann 2003: 33), beiden Seiten liegt dabei jedoch ein pragmatisches Motiv inne. Dieses pragmatische Motiv führt dazu, dass sich beide Seiten auf potentielle Probleme und Lösungen des praktischen Vollzugs der Situation einstellen. Den Gesprächspartnern ist somit schon

[7] Keller (2015) zeigt dies in der Bühnenmetapher von Goffman als das „sich auf der Bühne aufhalten" im Gegensatz zum „sich nicht dort befinden".

[8] Eine potentielle Interviewpartnerin fragte vor ihrer Zusage beispielsweise konkret nach Forschungshypothesen, andere erfragten Forschungsexposés, Universitätsaffiliationen oder Datenschutzrichtlinien. Viele erkundigten sich außerdem nach der ungefähren Dauer des Interviews, der Interviewform oder ob bestimmte individuelle Vorbereitungen notwendig seien.

vor Beginn des zeremoniellen Idioms des Interviews bekannt (oder sie haben zumindest Vermutungen darüber), wie der Ablauf des Interviews vonstattengehen könnte. Diese institutionalisierte Interaktion mit ihren Symbolen und Ritualen ist somit eine Aktionsform, die im gesellschaftlichen sowie individuellen Wissens- und Handlungsvorrat zu einem gewissen Teil verankert ist. Um dieses Wissen zu haben, müssen die Teilnehmenden nicht zwangsweise bereits Erfahrungen innerhalb wissenschaftlicher Interviews gesammelt haben, sondern es reicht, dass sie aufgrund von wie auch immer gearteten Vorerfahrungen dazu etwas antizipiert haben. Damit kann das Interview hier als funktionsorientierte Kommunikationsform verstanden werden, um die lebensweltlichen Erfahrungen im Interview durch den Gesprächspartner präsentiert zu bekommen.

Wenn nun in der Interviewsituation das Ziel die Darstellung dieser lebensweltlichen Erfahrung ist, erscheint es sinnvoll, wenn sich der Verlauf des Interviews an den Relevanzen des Interviewten und nicht an denen des Forschenden orientiert. Mit einer solchen Herangehensweise würde die Übersetzungsleistung, die im traditionellen Interviewverständnis beim Interviewten liegt, auf den Interviewenden übertragen. Diesem Ziel könnte dadurch nachgegangen werden, dass die Ausbildung einer Sinngemeinschaft im Interview in den Vordergrund gerückt wird – auch um das Problem fehlender Sinngemeinsamkeit aufzulösen. Dadurch würde keine Lösung für diese Problematik angestrebt werden, sondern es würde versucht, das Problem per se nicht aufkommen zu lassen. Dieses Ziel kann angestrebt werden, in dem sich im Interview die Teilnehmenden auf einen gemeinsamen Erfahrungshorizont beziehen, sich über tatsächlich gemachte Felderfahrungen austauschen können und so ein gemeinsamer Interaktionsrahmen hergestellt wird. Damit würde der Interviewende nicht als unbekannte Person wahrgenommen, zu dem keine Bezugspunkte bestehen, sondern als Subjekt mit ähnlichen Erfahrungen. Dadurch könnte der Interviewte im Interview annehmen, auf einer komplexeren Ebene verstanden zu werden, wodurch die Übersetzungsleistung auf den Interviewenden übertragen werden kann. Durch die Vermittlung einer im Alltag üblichen Annahme der Reziprozität der Perspektive (Schütz 1971a) kann durch die Inkludierung von eigenen Erfahrungen durch den Interviewenden an den Interviewten vermittelt werden, dass sie potentiell im Rahmen der natürlichen Einstellung zu den gleichen Wahrnehmungen und Typisierungen gelangen. Die für den Forschungszweck hergestellte Interviewsituation könnte somit ‚naturalisiert' werden. Dazu muss jedoch noch erweiternd betrachtet werden, wie sich diese Form des Interviews mit der Inkludierung eigener Erfahrungen von natürlicher entstehenden Feldgesprächen abgrenzt.

Ein Feldgespräch kann beispielsweise während einer Ethnographie im Feld geführt werden. Es wird nicht spezifisch zu Forschungszwecken terminiert und ist auch dahingehend vom Interview zu unterscheiden, da es beispielsweise im Regelfall nicht aufgezeichnet wird. Darüber hinaus muss der Forschende an dieser Stelle zwar ethischen Richtlinien folgen, sich aber nicht zwingend als Forschender zu erkennen geben. Auf diese Art und Weise tauschen sich auch andere Feldteilnehmer im Feld aus. Im Goffman'schen Sinne (2003) würde dieses Gespräch als auf der Hinterbühne stattfindend betrachtet werden; in den Worten von Bourdieu (1996) wäre es in der Peripherie des Feldes.[9] Ein Interview mit Einbringung eigener forschungsfragenbezogener Erfahrungen würde zwar einem solchen Gespräch mit einem weiteren Mitglied einer Peergroup ähneln, es würde jedoch explizit wegen unter anderem den eingangs genannten Punkten nicht als Feldgespräch geführt werden. Die Rahmung des Geschehens als Interview kann dabei eine situationsbedingte Auslegung für den Interviewten darstellen, die in einem normalen Feldgespräch so nicht vorzufinden ist. Dort wird im Sinne des pragmatischen Motivs meist nur so viel entäußert, wie es dem Redenden als notwendig erscheint, um die Situation handelnd zu bewältigen. Im Interview jedoch erklärt sich der Interviewte dazu bereit, über seine

[9] Lorenzen und Zifonun (2012) folgend können sich in dieser Feldperipherie genau wie im Zentrum Feldexperten befinden und miteinander in den Austausch treten.

spezifischen Erfahrungen zu sprechen und diese auch insoweit auszuführen, als das alle ihm relevant erscheinenden Aspekte angesprochen werden. Tritt diesem motivierten Interviewten nun eine Person gegenüber, die zugleich ein Forschender als auch jemand mit ähnlichen Erfahrungen ist, kann das Gespräch dahingehend davon profitieren, dass – wie bereits ausgeführt – der Fokus nicht mehr auf dem Sich-verständlich-machen, sondern auf einer Darlegung spezifischer Erfahrungen beruht.

Als entscheidender Unterschied zwischen Forschendem und Person mit den Erfahrungen, die im Interview besprochen werden sollen, kann herausgearbeitet werden, dass der Forschende im Gegensatz zum Gegenüber nicht nur ein partielles Interesse am Gegenstand hat, da er sich nicht nur insoweit für diesen interessiert, wie es für ihn selbst als notwendig erscheint. Der Forschende hat stattdessen das Ziel, den Gegenstand in Gänze zu rekonstruieren. Ein Alltagsmensch hingegen geht innerhalb seiner natürlichen Einstellung davon aus, dass seine Wirklichkeit der von anderen Menschen gleicht, weshalb diese – um handlungsfähig zu bleiben – nicht problematisiert wird. Dadurch wird dem Interviewten nicht mehr zuallererst die Aufgabe gegeben, das Phänomen an sich zu erklären, sondern er kann sich auf die Einbettung dessen in sein eigenes Bezugsschema und dabei auf eigene Interpretationen und Sichtweisen fokussieren. So können auch jene Alltäglichkeiten in den Blick gelangen, die ansonsten unter dem Schutz der Selbstverständlichkeit oder der Antizipation, dass dies für die spezifische Forschungsfrage nicht relevant ist, außer Acht geraten. Im Gespräch kann so der Forschende auf eigene Erfahrungen stoßen, die im Austausch mit dem Gesprächspartner neu kontextualisiert und eingebettet werden können. Dem folgend wurde im Rahmen dieser Studie entschieden, die eigenen individuellen Erfahrungen als Gestrandeter in den Interviews als gemeinsame Basis frühzeitig offenzulegen und auch zu thematisieren. Die konkrete Form der Interviewdurchführung wurde dabei vom explorativen Interview (Honer 2011) inspiriert.

Honer (2011, 1993) macht im explorativen Interview dieses Vorgehen innerhalb der lebensweltanalytischen Ethnographie anschlussfähig. Diese Studie stellt zwar keine solche lebensweltanalytische Ethnographie dar, da aber Flick (1996) folgend, lebensweltliche Erfahrungen (eigene und die der Interviewpartner) in den Blick genommen werden, kann diese Interviewform hier gewinnbringend die Durchführung der Interviews unterstützen. Honer (2011, 1993) leitet im explorativen Interview dieses mit einem quasi-normalen Gespräch ein, durch das dem Relevanzsystem des Interviewten Aufmerksamkeit geschenkt werden kann. Dabei kann diesem vermittelt werden, dass dieses für den Forschenden von Interesse ist und bereits ein persönlicher Bezug hergestellt werden. Davon ausgehend initiiert Honer traditionell geprägte Interviewbestandteile, indem sie zunächst ein Experteninterview beziehungsweise ein biographisches Interview folgen lässt, welches im Verlauf gemeinsam fokussiert und strukturiert werden soll. Honer stellt dabei klar, dass die Länge der einzelnen Phasen und der jeweilige Ablauf im Verlauf der Studie problemlos angepasst werden können.

Innerhalb dieser Interviewform wird das alltagsnahe Gespräch als Potential für die Forschung gesehen. Da sich die vorliegende Studie mit einem noch unerforschten Gebiet ad hoc beschäftigt, scheint das explorative Interview als vorteilhaft. Dadurch kann dem noch unerforschten Phänomen die Offenheit gegenübergestellt werden, die es benötigt. So wurde zu Beginn der Durchführung der Interviews ein Fokus auf das eröffnende quasi-normale Gespräch gelegt, in welchem die Potentiale der beiden anderen Phasen, die auf die Gesprächseröffnung folgten, ergründet wurden. Dabei zeigten die Interviewenden auf, dass sie sich irgendwo als Gestrandete befinden beziehungsweise befunden haben. Da aufgrund mangelnder wissenschaftlicher Literatur zum Thema und der Notwendigkeit des schnellen Handelns, um die Interviewpartner noch während der Betroffenheit interviewen zu können, zuvor kein Forschungsstand aufgearbeitet werden konnte, scheint eine solche, sehr flexible Interviewform sowohl als dem Forschungsgegenstand als auch den Interviewpartnern und dem Umstand, dass aufgrund der geltenden Kontaktbeschränkungen alle Interviews telefonisch oder per Videotelefonie durchgeführt wurden, am angemessensten.

4.1.2. Auswahl der Interviewpartner und konkrete Durchführung

Als Interviewpartner wurden dabei Personen ausgewählt, die als Auswärtige beziehungsweise Gestrandete definiert werden können, da sie sich zu einem ausgewählten Zeitpunkt an einem anderen Ort befinden oder befanden als dem, zu dem sie sich selbst als Staatsangehörige oder durch eine andere Eigenschaft als zugehörig betrachten. Dieser ausgewählte Zeitpunkt ist in dieser Arbeit der Beginn der Maßnahmen zur Eindämmung der COVID-19-Pandemie im Aufenthalts- oder Ursprungsland und kann somit erheblich differieren. Die Auswahl der Interviewpartner erfolgte zunächst aufgrund der Aktualität der Situation nach einem convenience sampling (Akremi 2014), also einer Art willkürlicher Auswahl. Dabei wurde eine Gelegenheitsstichprobe unterstützt durch ein Schneeballverfahren erhoben. Der Ansatz wurde gewählt, da er mit dem explorativen Forschungsdesign in dem bisher kaum erforschten Gebiet am besten harmonisiert. Auch die Kurzfristigkeit der Situation sowie ressourcentechnische Überlegungen wurden in diese Entscheidung mit einbezogen. Andere Methoden wie beispielsweise selektives Sampling (dazu unter anderem Flick 2010) kamen nicht infrage, da keine Informationen über die soziostrukturelle Zusammensetzung der Auswärtigen verfügbar waren und somit auch keine darauf basierenden Methoden angewendet werden konnten.

Die Interviewpartner wurden aufgrund der zum Zeitpunkt der Interviews in Nepal bestehenden Einschränkungen im Rahmen der COVID-19-Pandemie primär über soziale Medien im Internet akquiriert, was die Notwendigkeit eines Internetzugangs sowie die Teilnahme an den ausgewählten Plattformen mit sich brachte. Dies war erforderlich, da keine anderen Möglichkeiten ersichtlich waren, in Kontakt mit potenziellen Interviewpartnern zu treten. Versuche, direkt auf den Straßen von Kathmandu beziehungsweise Lalitpur potenzielle Interviewpartner durch Ansprechen ausländisch aussehender Personen zu akquirieren, schlugen ebenso wie der Versuch, mithilfe der deutschen Botschaft in Kathmandu Interviewpartner zu suchen, fehl. Daher wurden Internetplattformen genutzt, auf denen Informationen an Auswärtige weitergegeben wurden. Den Ausgangspunkt bildete die Website[10] des nepalesischen Tourismusverbands, des Nepal Tourism Board, die verschiedene Kommunikationsangebote für durch die COVID-19-Pandemie betroffene Auswärtige sammelte. Der Verband baute zusätzlich ein Unterstützungsnetzwerk mit dem Titel „#strandedinnepal" auf, um Personen zu vernetzen, die aus Nepal ausreisen wollten, dies aber aus verschiedenen Gründen nicht konnten. Die Hauptkommunikationskanäle waren mehrere Gruppen in den sozialen Netzwerken beziehungsweise Messengerdiensten WhatsApp, Telegram und Facebook.[11] In Absprache und mit ausdrücklicher Zustimmung der Verantwortlichen des Nepal Tourism Boards und den jeweiligen Gruppenadministratoren wurden diese Gruppen genutzt, um durch persönliche Ansprachen besonders aktiver Mitglieder sowie durch allgemeine Postings (die einem Aushang an einem schwarzen Brett ähneln) Interviewpartner zu akquirieren. Diese Vorgehensweise wurde nach Hinweisen mehrerer Interviewpartner auch auf andere Gruppen und Kommunikationskanäle ausgeweitet, sodass sich das Sampling nicht mehr nur auf Personen in Nepal beschränkte, sondern auf andere Staaten ausgedehnt wurde. Zusätzlich verwiesen Interviewte uns teils auch an Bekannte, wodurch sich ein ergänzendes Schneeballverfahren ergab und Personen in weiteren Ländern eingeschlossen wurden. Auf diese Weise konnten 41 Interviews in den Hauptsprachen Deutsch und Englisch mit Personen mit 19 unterschiedlichen Nationalitäten durchgeführt werden, die sich zum Zeitpunkt des Interviews in 16 ver-

[10] Diese Website des Nepal Tourism Boards (2020) wird eigentlich dazu verwendet, um Werbung bezüglich touristischer Orte in Nepal zu sammeln und auf Englisch zur Verfügung zu stellen.

[11] Diese Gruppen wurden auch bei einem weiteren, ähnlichen Lockdown Anfang Mai 2021 erneut genutzt.

schiedenen Länder als Besuchende aufhielten oder wenige Tage vorher in ihr jeweiliges Heimatland zurückgekehrt waren. So wurden Interviews beispielsweise mit Personen deutscher, britischer, nepalesischer, kanadischer, amerikanischer, russischer, niederländischer oder finnischer Staatsangehörigkeit geführt, die sich zu Beginn der Pandemie beispielsweise in Nepal, Indien, Großbritannien, Frankreich, Schweden, Kanada, Marokko oder China aufhielten. Wichtig ist auch zu erwähnen, dass das Heimatland nicht immer das Geburtsland oder das Land ist, dessen Staatsangehörigkeit die Interviewten innehaben. Besonders auffällig erschien es, dass sich einige Interviewpartner regelrecht um ein Interview bewarben: sie verfassten kleine Texte, in denen sie von ihren Erfahrungen erzählten – sowohl in Bezug auf das Forschungsthema als auch auf ihre Eignung als Interviewpartner aufgrund von bestehender wissenschaftlicher Vorbildung – oder ankündigten, eine ihrer Meinung nach besonders spannende oder außergewöhnliche Perspektive auf die Ereignisse zu haben.
Es wurde entschieden, dieses Verfahren trotz möglicher Risiken der systematischen Verzerrung oder der Verallgemeinerung durchzuführen, da es sich um eine zeitlich eng begrenzte Situation handelte, die starke Limitationen durch die politischen Maßnahmen zur Eindämmung der Ausbreitung der COVID-19-Pandemie mit sich brachte. Zusätzlich konnten so Interviews ohne persönlichen Kontakt geführt werden, um weder Interviewende noch Interviewte gesundheitlich zu gefährden. Es ergaben sich aus praktischen Gründen dabei zwei Interviewwellen: eine erste in den zwei Wochen direkt nach Beginn des Lockdowns in Nepal Ende März 2020 sowie eine zweite, die den Zeitraum Ende April des gleichen Jahres als Fokus hatte. Die erste Welle fand vor und während der meisten international organisierten Rückholflüge statt, die zweite, nachdem die meisten Regierungen ihre Rückholflüge bereits vorerst eingestellt hatten. Während der ersten Welle befanden sich alle drei Interviewende noch vor Ort in Nepal, in der zweiten Welle waren die Interviewenden bereits mit Unter-

stützung der Deutschen Botschaft in Kathmandu mit einem Rückholflug nach Deutschland zurückgekehrt.

Im Rahmen der Datenerhebung konnten Personen aus vier Gruppen interviewt werden: Personen, die sich dafür entschieden hatten, dass sie nicht ausreisen wollten und dieser Entscheidung folgend es auch nicht taten, Personen, die sich eigentlich dafür entschieden hatten, nicht auszureisen, aber dennoch (zum Beispiel aufgrund der Vorgaben einer Organisation) ausreisten, Personen, die sich dafür entschieden hatten, auszureisen, aber nicht die Möglichkeit dazu bekamen, sowie Personen, die ausreisen wollten und es auch konnten. Somit kann trotz der hier benannten und nicht benannten Einschränkungen davon ausgegangen werden, dass der Forschungsgegenstand in wesentlichen Ausprägungen adäquat abgesteckt werden konnte. Nach Akquise der Interviewten wurden diese je nach Verfügbarkeit der Interviewenden und den jeweiligen Sprachkenntnissen zugeteilt. Es gab drei Personen, die die Interviews durchgeführt haben: Karsten Krampe führte 13, Sebastian Weste acht und ich, Svenja Reinhardt, 20 Interviews. Die Länge der Interviews belief sich auf 15 bis 160 Minuten, im Mittel dauerte ein Interview etwa 50 Minuten. Die Interviews fanden – wie bereits angedeutet – zum verabredeten Zeitpunkt und über das verabredete Medium statt. Hierbei stellte sich insbesondere als Schwierigkeit heraus, dass sich die Gesprächspartner teilweise in unterschiedlichen, weit voneinander entfernten Zeitzonen befanden oder in manchen Fällen mindestens eine Person Probleme mit dem Internetempfang hatte. Manchmal musste auch spontan das Medium gewechselt werden. Meist wurden die Interviews zu zweit (eine forschende und eine interviewte Person) durchgeführt, nur in wenigen Fällen kam eine weitere Person hinzu. Dies war beispielsweise dann der Fall, wenn sich Paare oder sehr enge Freunde gemeinsam interviewen lassen wollten. Einige der Interviewpartner waren uns (oder einem von uns) schon persönlich bekannt. Als Konsequenz daraus entschieden wir uns dazu, diese von einer Person unserer Gruppe interviewen zu lassen, die bisher am wenigsten oder noch nicht in

Kontakt mit den Interviewten standen. Als Übertragungsmedien zur Interviewdurchführung wurden Mobilfunktelefonie, die Videokonferenztools Skype und Zoom sowie die Messenger-, Audio- und Videodienste von Facebook, Telegram und WhatsApp genutzt. Bei der Auswahl des Kommunikationsmediums wurde sich ausschließlich auf die Wünsche der Interviewpartner bezogen.

Die Interviews begannen nach einer kurzen Begrüßung mit einer mündlichen Absprache darüber, ob die interviewten Personen damit einverstanden seien, dass das Gespräch aufgezeichnet und für wissenschaftliche Zwecke weiterverwendet wird. Den Rest des Interviews konnten die jeweiligen Gesprächspartner in Bezug auf das Forschungsinteresse frei gestalten und somit auch explorativ den Relevanzen des Interviewten folgen. Teilweise hatten die Interviewpartner auch ohne vorherige Absprache Punkte vorbereitet, die ihnen besonders wichtig waren. Die so erhobenen Interviews wurden anschließend transkribiert und ausgewertet, wobei sie während des ganzen Prozesses immer wieder mit Memos versehen wurden.

4.1.2. Zusätzliches Datenmaterial

Ergänzend zu den durchgeführten Interviews wurden durch meine zwei Kollegen und mich Forschungstagebücher geführt, die ebenfalls unter anderem verschiedene Memoformen beinhalten. Zu finden waren dort vor allem protokollartige Audioaufnahmen von bestimmten Ereignissen, aber auch erste theoretische Analysen und Aufzeichnungen über Gedanken vor und nach den Interviews. Ebenso wurden schriftliche Erinnerungsprotokolle zu verschiedenen Situationen, die als einschneidende Erlebnisse wahrgenommen wurden, angefertigt. Eine besondere Schwierigkeit war es zu entscheiden, was als protokollwürdige Gelegenheit wahrgenommen wurde, da es für uns keine Möglichkeit gab, ein Protokoll des gesamten Feldaufenthaltes anzufertigen, da wir uns über einen Monat lang auf Wanderschaft befanden, was eine zeitnahe und ausführliche schriftliche Protokollierung verunmöglichte. Die ersten Erinnerungsprotokolle wurden während der Wanderung auf dem Annapurna Circuit als Audioaufnahmen festgehalten. Nach der Rückkehr nach Lalitpur (wo die Laptops lagerten) kamen zusätzlich noch schriftliche Protokolle hinzu. Bei Sichtung der Aufnahmen fiel auf, dass abends in den Unterkünften und in den beheizten Restaurants das Thema der COVID-19-Pandemie ein häufiges Gesprächsthema war. Dabei wurde von den Anwesenden meist darüber gerätselt, wie es im Rest der Welt oder auch im jeweiligen „Zuhause" aussehen könnte. Da das Internet-, Mobilfunk- und Stromnetz jedoch gestört war, konnten keine verlässlichen Informationen eingeholt werden. Stattdessen verließen sich alle auf Spekulationen und die Aussagen anderer Trekker, Touristen, Bergführer oder Anwohner.[12] Auch Erinnerungsprotokolle zum mehrmaligen Kontakt mit der deutschen Botschaft in Kathmandu, Gesprächen mit Familienangehörigen und Partnern sowie Freunden in Deutschland, den Recherchen auf sozialen Medien zur Akquise von Interviewpartnern, während des Einlesens in die Auswirkungen des SARS-CoV2-Virus sowie zu den weltweiten politischen Maßnahmen zur Eindämmung der COVID-19-Pandemie wurden festgehalten. Zusätzlich wurden die E-Mails der deutschen Botschaft in Kathmandu, die das Forschungsteam empfangen hatte, gesichert. Als letzte zusätzliche Datengruppe wurde die Vorkommunikation mit den Interviewpartnern (mit den bereits angesprochenen „Bewerbungen" für ein Interview) gesammelt. Diese zusätzlichen Daten werden in dieser Ausarbeitung weniger Aufmerksamkeit als den Interviews entgegengebracht, nur an einigen Stellen werden sie zur Illustration herangezogen.

[12] Besonders in Erinnerung geblieben ist mir dabei ein Weltreisender, der zwar allein unterwegs war, den Kontakt mit den anderen Wandernden aber vor allem deswegen suchte, um zu erfragen, wie sich die Situation in Europa gestaltete. Eines Morgens berichtete uns einer der anderen Wandernden, dass der Mann besonders früh aufgebrochen war und den Rückweg angetreten ist, um zu versuchen, zeitnah zu seiner Familie auszufliegen.

4.2. Datenauswertung

Zur Datenauswertung dieser Studie wurde der Ansatz der wissenssoziologischen Hermeneutik gewählt. Es wurde sich für diese Herangehensweise entschieden, da im Zusammenspiel von Methode, Theorie und empirischen Daten davon ausgegangen werden kann, dass gesellschaftliche Wirklichkeit nur verstehend angemessen beschreiben kann, was nach Schröer (1997) die Grundlage einer jeden sozialwissenschaftlichen Hermeneutik darstellt. Dazu werden die Verstehensleistungen, die alltäglich durch das handelnde Subjekt vollzogen werden, der Forschungsgegenstand und damit auch die Wahrnehmung der es umgebenden Welt aufgearbeitet. Dieses naive Verstehen wird dazu theoretisch bearbeitet, methodisch kontrolliert erhoben und ausgewertet sowie sortiert, um dadurch sozialwissenschaftliches Verstehen abzuleiten. Die wissenssoziologische Hermeneutik stellt die Theorie der hermeneutischen Wissenssoziologie dar, Ausgangspunkt bildet dabei ein anthropologisch fundiertes Menschenbild. Auf dies wird sich innerhalb dieser Studie bezogen.[13] In diesem Kapitel zur Datenauswertung werden zunächst notwendige Grundlagen der wissenssoziologischen Hermeneutik erläutert, um daran eine Beschreibung der konkreten Umsetzung der Auswertung anzuschließen.

Nach Schröer (1997) haben es sich Forschende innerhalb der wissenssoziologischen Hermeneutik zur Aufgabe gemacht, zu ergründen, „wie Handlungssubjekte – hineingeboren in historisch und sozial entwickelte Orientierungsrahmen – diese einerseits vorfinden und sich aneignen müssen, andererseits diese immer wieder neu ausdeuten und damit auch erfinden müssen“ (109). Seine Perspektive baut auf Berger und Luckmann (2016 [1969]) sowie Soeffner (1989) auf. Im Fokus stehen empirische Daten aus Kulturerzeugnissen sowie sozialer Interaktion. Es sollen Typisierungsleistungen und Verfahren rekonstruiert werden, mit denen Subjekte die sich prozessual verändernde sowie subjektiv apperzipierte und ausge-

[13] Eine Zusammenfassung aktueller theoretischer und methodologischer Entwicklungen findet sich im Sammelband von Hitzler, Reichertz und Schröer (2020).

legte Welt um sie herum verstehen sowie sich vertraut machen. Dabei gelten insbesondere zwei Prinzipien der empirischen Datenerhebungen: zunächst, dass die Forschenden bezugnehmend auf den konkreten Sachverhalt mit einer naiven Einstellung, gar einer künstlichen Dummheit (Hitzler 1986) Daten sammeln sowie, dass innerhalb der Anfangsphase eine möglichst unstrukturierte Datenerhebung gewährleistet sein sollte, um keine Verzerrung der Daten hervorzurufen. Das Analyseziel ist dabei „die Rekonstruktion eines objektiven Typus sozialen Handelns [...] in seinen konkreten fallspezifischen Ausprägungen“ (Soeffner 1989: 61). Dazu werden Idealtypen gebildet, in denen das historisch und jeweils Besondere mit Rücksicht auf strukturelle Allgemeinheit herausgearbeitet wird, weshalb durch diese Generalisierung jedoch der Einzelfall nur unzureichend dargestellt wird. Dabei wird nach Eberle (2011) das erforscht, was die Akteure als selbstverständlich sehen. Das zentrale Moment bildet das Verstehen, innerhalb dessen „menschlichen Lebensäußerungen Sinn“ (Kurt/Herbrik 2014: 474) gegeben wird und Zeichenäußerungen erkannt und interpretiert werden. Nach Reichertz (2007) ist das Vorgehen im Forschungsprozess innerhalb der hermeneutischen Wissenssoziologie dreistufig. In der ersten Phase der Auswertung werden die Daten offen codiert und somit auch formal strukturiert. Dabei wird grundlegend versucht, unterschiedliche Lesarten der transkribierten Interviews zu konstruieren. Diese Herangehensweise ist durch die pragmatistisch orientierte *Grounded Theory* (dazu beispielsweise Strübing 2014a, Akremi 2014) inspiriert. Während der zweiten Phase wird versucht, Begrifflichkeiten zu finden, welche die in der ersten Stufe entstandenen Lesarten in neuen Sinneinheiten zusammenführt. Im dritten Schritt wird – basierend auf der bisherigen Auswertung – eine Typisierung erarbeitet, in der die Elemente zusammengeführt und sinnhaft verbunden werden. Von dieser Herangehensweise ausgehend wurden die 41 vorhandenen Interviews zunächst transkribiert, katalogisiert und mit Memos unterschiedlichster Art versehen, um eine weitere Verarbeitung der Inhalte zu erleichtern. Dies wurde anschließend durch ein offenes Codieren erweitert, um Konzepte und Kategorien zu entwerfen, die direkt aus einem ersten analytischen Umgang mit den Daten entstehen. Anschließend wurden während der Auswertung mit Hilfe von *theoretical sampling*[14] anhand der Memos sowie der eigenen Erinnerungen spezifische Interviews ausgewählt und genauer ausgewertet. Während der Interpretationssitzungen setzte sich die Gruppe, bestehend aus Karsten Krampe, Sebastian Weste und mir, erst Wort für Wort, später Satz für Satz mit dem Transkript des Interviews auseinander und entwickelte mögliche Lesarten des vorhandenen Textes. Dabei wurde mit einem Interview angefangen, welches sowohl im Interview wie auch während der anschließenden Transkription sowie während des Verfassens von zugehörigen Memos als besonders eindrücklich in Erinnerung geblieben ist. Von dort ausgehend wurden die so entstandenen Lesarten eigenständig verglichen und weiter präzisiert, um anschließend die hier vorgestellte Typologie herauszuarbeiten. Das Verständnis von Alltag und Alltäglichkeit wurde dabei besonders in den Fokus genommen.

4.3. Zwischenfazit zur Method(ologi)e

Innerhalb dieser Arbeit wurde – wie hergeleitet – eine wissenssoziologisch und phänomenologisch fundierte Herangehensweise gewählt, um die Fragestellung hermeneutisch-interpretativ zu bearbeiten. Dies erschien insbesondere deswegen geeignet, da in dieser Arbeit der Frage nachgegangen werden soll, wie die Auswärtigen zu Beginn der COVID-19-Pandemie

[14] Das hier genutzte Konzept des *theoretical samplings* wurde von Glaser/Strauss (1979) erfunden und später von Strauss (1998) weiterentwickelt. Es stellt nach Strübing (2014a und b) einen offenen Ansatz für die Auswahl von Daten und Fällen innerhalb eines Forschungsvorhabens dar. Dabei wird sich auf die bisherigen gewonnenen Erkenntnisse bezogen, um neue Fälle auszuwählen, indem die Forschenden analytische Entscheidungen treffen, welche Daten zur Schärfung der bisherigen Theorie beitragen können. Dabei kontrolliert meist eine Absicht in Bezug auf die Generierung theoretischer Erkenntnisse der sich entwickelnden Theorie die Auswahl der Daten. Dadurch gibt es eine Datenauswahl, die sich innerhalb des iterativ-zyklischen Forschungsprozesses auf vergleichende Analysen auf Basis von Vorkommnissen, Handlungen oder Ideen stützt. Das Ziel ist konzeptuelle Repräsentativität, welche eng mit theoretischer Sättigung verbunden ist.

diese erleben und wie sie in der Folge handelnd Stabilität herstellen. Teilweise mussten jedoch forschungspragmatische Entscheidungen innerhalb der Herangehensweise getroffen werden, da die Aktualität und Prozessualität des gewählten Themas dieses erforderte. Zusätzlich erschwert wurde die Studie durch die Tatsache, dass die bearbeitete Situation in vielen Teilen weiter anhält. Ausgehend von der so erarbeiteten empirischen Grundlage wurde eine Typologie der Auswärtigen beziehungsweise der Gestrandeten zu Beginn der COVID-19-Pandemie erarbeitet.

5. Typologie der Auswärtigen

Ein längerer Besuch im Ausland wird vor allem innerhalb des eigenen Alltags koordiniert. Nicht nur damit der Besuch per se, sondern vor allem der Ausstieg aus dem eigenen umweltlichen Alltag kontrolliert wird. Dieser zurückgelassene Alltag ist durch vor der Abreise organisierte Vorsorgemaßnahmen bis zur geplanten Rückkehr insoweit strukturiert und gesichert, dass eine Rückkehr in den alten Alltag problemlos möglich ist. So kann man zum Beispiel bei der Arbeitgeberin zwei Wochen Urlaub einreichen, den Nachbarn fragen, ob er sich um die Blumen kümmern kann, den Hund für drei Wochen in die Pension bringen, seinen Arbeitslaptop im Hotel in Kathmandu verstauen, während man wandern geht, einen Termin bei der Ärztin ausmachen, damit sie einem das notwendige Medikament nach der Rückkehr geben kann oder den Rest seiner aufgelösten Wohnung in ein paar Umzugskartons verstauen, die man in ein für ein Jahr gemietetes Lager oder bei den Eltern beziehungsweise der guten Freundin in den Keller stellt. Der Ordnungszusammenhang des Alltags ist also in großen Teilen situiert. Er beinhaltet Wissensbestände, die situativ stabilisiert werden und bis zu einem gewissen Grad eben dieser Stabilisierung auch bedürfen. Insbesondere die zeitliche Fixierung lässt sich in Bezug auf die Auswärtigen als eine solche Stabilisierung herausstellen.

Bricht diese zeitliche Fixierung jedoch, indem die geplante Abreise verunmöglicht erscheint, ist möglicherweise auch die Stabilisierung des Besuches im eigenen, zurückgelassenen Alltag gefährdet. Dabei – in den Worten von Hans-Georg Soeffner – ergibt es sich, dass eine Person mit "gesunde[m] Menschen- und Alltagsverstand ahnt, dass [dieser] trotz aller schließenden Sicherheitsvorkehrungen immer vom möglichen ‚Zusammenbruch des Mundanen' (Alfred Schütz) und vom Zerfall der lebensweltlichen Sicherheit bedroht" (Soeffner 2010: 68) ist. Sieht das Subjekt keine Möglichkeit, einem solchen Zusammenbruch seines zurückgelassenen Alltags entgegenzuwirken, steht es vor einer existenziellen Krise. Ob der zurückgelassene Alltag letzten Endes nun wirklich verunmöglicht wird, ist dabei an dieser Stelle zunächst nicht von Bedeutung. Denn die Art und Weise wie die Subjekte die Wirklichkeit wahrnehmen, wie es Hitzler (1999) in seiner Analyse der Implikationen der Situationsdefinition auf die wissenssoziologische Sozialforschung darstellt, beeinflusst ihr jeweiliges Handeln.[15] Dem folgend bewirken die potenzielle Krise und deren mögliche Folgen, dass eine dies wahrnehmende Person handelnd Ordnung stiftet. Das bedeutet, dass das Subjekt durch eigenes Zutun und prozessual versucht, den zurückgelassenen Alltag aber auch die individuellen Gewissheiten zu schützen.

Der Fremde im Sinne von Alfred Schütz würde dies tun, indem er zum Beispiel versucht, das Gewohnheitswissen der lokalen Gruppe kennenzulernen und in sein eigenes Relevanzsystem zu übertragen. Er würde sich mit dem ihm Fremden konfrontieren und in das Eigene übersetzen. Das Subjekt versucht in diesem Fall, das Fremde in die eigenen Relevanzen mit einer Art Transformationsformel zu integrieren (Schütz 1971a). Mit dieser Formel würde dann – vom bisherigen Gewohnheitswissen als Vergleichspunkt ausgehend – Intersubjektivität insoweit hergestellt werden, wie es dem Subjekt als notwendig erscheint, um zu verstehen und sich verständlich zu machen. Wenn die aktuelle Erfahrung der Fremde nun in das eigene Bezugsschema hineinpasst, wird dieses nicht fragwürdig und auch nicht problematisch, weshalb das Subjekt nicht motiviert wird, das bisherige Wissen neu auszulegen (Schütz/Luckmann 2003). Dadurch könnte das Fremde in das Eigene übertragen werden und dort koexistieren, ohne dass es die Notwendigkeit zu geben scheint, dass das Eigene in das Fremde weiterhin übersetzt wird. Dies hat zur Folge, dass die Auswärtigen an dieser Stelle als Besuchende verbleiben und nicht zu Fremden werden und dass keine mundane oder mikrostrukturelle Krise entstehen muss. Im vorlie-

[15] Er bezieht sich dabei unter anderem auf das Thomas-Theorem: „Wenn Menschen Situationen als real definieren, so sind auch ihre Folgen real" (Thomas 1965: 114).

genden empirischen Fall der Auswärtigen lassen sich Idealtypen auf Basis dieser Unterscheidung differenzieren.
Diese Idealtypen, die auf die beschriebene Weise aus dem Datenmaterial rekonstruiert wurden, werden im Folgenden anhand von einschlägigen Interviewvignetten dargestellt. Diese wurden bei Bedarf ins Deutsche übersetzt, nicht sinnverändernd geglättet und anonymisiert. Den unterschiedlichen Interviewpartnern wurden zu ihrer einfachen Unterscheidung eine individuelle Bezeichnung in Form einer systematischen Buchstabenfolge (beispielsweise XXXX-CO/P) zugeordnet. Es konnten drei Idealtypen mit jeweiligen typenspezifischen Variationen rekonstruiert werden: die Kosmopoliten, die Rückkehrenden sowie zuletzt die Ordnenden. Diese Idealtypen beziehen sich auf die (Neu-)Orientierungen der Auswärtigen beziehungsweise die Maßnahmen, die sie jeweils vornahmen, um trotz der sie umgebenden Unsicherheit eine gewisse Form von Ordnung zu stiften und damit handlungsfähig zu bleiben.

5.1. Die Kosmopoliten

Idealtypisch für die Kosmopoliten ist, dass sie sich zwar zu Beginn der COVID-19-Pandemie außerhalb des Landes befinden, welches sie als ihr jeweiliges Heimatland betrachten, dies ihnen aber per se nicht problematisch erscheint. Personen dieses Idealtyps sind zwar Besuchende in einem fremden Land, können sich aber mit dem Routinebruch durch die politischen Maßnahmen zur Eindämmung der COVID-19-Pandemie schnell arrangieren. Obwohl sich die Kosmopoliten also außerhalb ihres Heimatlandes befinden, haben sie sich einen Alltag auf eine Art und Weise aufgebaut, dass dieser auch lokal unabhängig Bestand hat sowie dabei gefestigt und gestützt ist. Sie können mit den Maßnahmen zur Pandemieeindämmung vor Ort demnach für längere Zeit zurechtkommen, auch wenn das Ende nicht genau festgelegt werden kann. Die Kosmopoliten müssen also an ihrer derzeitigen Situation nicht viel ändern, um ihre alltägliche Ordnung zu stabilisieren, wohl jedoch an eventuellen zukünftigen Planungen.

Dabei erscheinen sie besonders flexibel, weil sie sich mit den neuen Anforderungen schnell und zunächst unproblematisch arrangieren. Dies scheint der Fall zu sein, da der bisherige Alltag trotz eventueller politischer Maßnahmen entweder keiner besonderen Stabilisierung bedarf oder er in der jeweiligen aktuellen Reichweite liegt.

Kosmopoliten können darüber hinaus auch weiterhin in der Aufmerksamkeitszuwendung der Besuchenden verbleiben. Dennoch zeigen die Kosmopoliten auch Ordnungsleistungen, um bei Bedarf ihre Rückkehr in ihr Heimatland vorzubereiten oder zumindest zu vereinfachen. Wie genau sich das darstellt, kann sich stark unterscheiden: So hat beispielsweise die dauerhaft reisende FAMI-CO/P Umzugskartons mit Einrichtungsgegenständen für eine Wohnung nach der Rückkehr von ihrer für drei Jahre geplanten Weltreise bei ihren Eltern untergestellt. MAXX-CO/P hingegen hat ein Zimmer in der Wohnung seiner Eltern, in welchem er zuvor gelebt hat. Er kann dorthin spontan und ohne große Umstände zurückkehren, wenn er sein Studium im Ausland beendet hat. Andere haben eine voll ausgestattete Wohnung, die weiterhin finanziert wird – so auch BRKA-CO/P – in die er nach seinem für zwei Monate geplanten Therapieaufenthalt im Ausland zurückkehren kann. Alle haben gemeinsam, dass der zurückgelassene Alltag gesichert ist und nicht gesondert stabilisiert werden muss. Der aktuelle Alltag kann darüber hinaus trotz des Routinebruchs – den Kosmopoliten recht problemlos erscheinend – ebenfalls weitergeführt werden: Das Studium kann online weitergehen, die Finanzierung ist gesichert, die Therapie kann weitergeführt werden und die Mitarbeitenden im Hotel am Strand können einen weiterhin versorgen. Generell versuchen die Kosmopoliten also, eine zukünftige Rückkehr in einen alten Alltag oder zumindest zu einem Alltag in ihrem Heimatland vor und auch während ihres Auslandsaufenthaltes vorzubereiten und aufrechtzuerhalten. Diese Vorbereitungen beziehen sich dabei häufig, aber nicht ausschließlich, auf materielle Besitztümer und Wohnmöglichkeiten, die mit der Hilfe von Familie, Freunden oder gemieteten Aufbewahrungsorten bei einer potentiellen Rückkehr schnell bereitstehen. Bei dem Idealtyp der Kosmopoliten konnten zwei Variationen rekonstruiert werden: die Wandernden und die Zugewanderten.

5.1.1. Die Wandernden

Personen des Idealtyps der Wandernden bezeichnen sich häufig selbst als „dauerhaft reisend“ oder „reisende[] Nomade[n]“ (beides STMI-CO/P).[16] Diese Personen sind meist in ihrer Arbeit ortsunabhängig und können häufig allein durch den Zugriff auf einen Laptop oder das Internet ihren Lebensunterhalt bestreiten und so die Finanzierung der Reisen von unterwegs sichern. Meist haben die Wandernden einen bestimmten Zeitpunkt, an dem sie sich dazu entschieden haben, für einen gewissen Zeitraum oder auch bis auf weiteres ein solches ortsunabhängiges, flexibles Leben zu führen. STMI-CO/P berichtet davon im Interview:

> „[I]m September letzten Jahres [habe ich, S.R.] alles gepackt und gedacht, ich gehe eine Weile reisen und mich inzwischen komplett entschieden, eigentlich auf Reisen zu bleiben und eher als Freelancer zu arbeiten […] Allerdings ist es so, dass ich versucht habe, mit meinem ehemaligen Arbeitgeber beziehungsweise auch mit anderen Kontakten es halt so anzulegen, dass ich für die Übersetzungen machen kann, also von Deutsch nach Englisch beziehungsweise auch andersherum. Das funktioniert gut; vor allem, wenn man sich in [Regionen] aufhält, wo man einfach ein geringeres Budget hat beziehungsweise generell, wenn man aus dem Rucksack lebt und nicht so wahnsinnig viele Dinge braucht.“ (STMI-CO/P, 06.05.2020)

[16] Diese im Feld wichtig erscheinende Selbstbezeichnung als „Reisender“, dessen Tätigkeit das Reisen ist, im Vergleich zu „Touristen“, der als touristisch zu bezeichnende Orte besucht, arbeitet Heuwinkel (2019) – wie bereits besprochen – theoretisch detaillierter heraus.

STMI-CO/P hat sich zwar schon, wie sie im Verlauf des Interviews berichtet, häufiger auch für längere Zeit im Ausland befunden, aber nun im September des letzten Jahres endgültig ihre Sachen gepackt und beschlossen, für längere Zeit zu reisen. Seitdem ist die Entscheidung dazugekommen, dass sie dies auch, solange es eben für sie geht, weiterführen möchte. Mit dieser Entscheidung scheint sie sich sehr wohl zu fühlen. Sie kann ihre Arbeit als Übersetzerin aufgrund ihres Netzwerkes und für ihren ehemaligen Arbeitgeber aus der Ferne fortführen und so genug Geld verdienen, dass sie in dem Bereich der Welt, an dem sie sich gerade befindet, sich das leisten kann, was sie benötigt, um mit ihren Leben zufrieden zu sein. Dabei hat sie zwar ein Heimatland, auf welches sie sich auch bezieht und von ihrer Familie dort erzählt, aber dort keine für sich wahrgenommenen lokalen Verpflichtungen. Somit hat sie jede Form von Gewohnheitswissen, welches sie benötigt, um an dem Ort, an welchem sie sich jetzt befindet, einen an die Maßnahmen zur Eindämmung der COVID-19-Pandemie angepassten Alltag weiterzuführen. Sie zeigt keinen besonderen Integrationswillen beziehungsweise nicht die Notwendigkeit einer Integration und möchte sich der lokalen Bevölkerung nicht dauerhaft annähern. Sie lebt „aus dem Rucksack“ und legt damit auch nicht ihre Intention ab, bei Bedarf schnell an einen anderen Ort zu kommen. Zusätzlich betont sie, dass sie nur ein geringes Budget und wenige Dinge benötigt, wodurch sie einerseits das, was sie für ihren Alltag braucht, in aktueller Reichweite hat und zusätzlich sehr flexible Handlungsentwürfe hat, die sie schnell bei Bedarf an potentielle Unsicherheiten und Unvorhergesehenes – dazu gehören auch die politischen Maßnahmen zur Eindämmung der COVID-19-Pandemie ihres Aufenthaltslandes – anpassen kann.

Dies ist auch bei SCZA-CO/P der Fall. Sie befindet sich zwar außerhalb ihres Heimatlandes, hat aber einen Beruf, für den sie viel reist. An diese Reisen hängt sie häufig noch eigeninitiierte Aufenthalte an, weshalb sie nur wenig Zeit in ihrem eigentlichen Heimatland verbringt. Dennoch unterhält sie dort eine Wohnung, die sie problemlos durch ihre Tätigkeit finanzieren kann. Trotz der politischen Maßnahmen zur Eindämmung der COVID-19-Pandemie, die sie an der Weiterreise hindern und auch ihre weitere Arbeit verunmöglichen, da sie ihren nächsten Flug nicht antreten kann, hat sie nicht das Bedürfnis, viel an ihrer derzeitigen Situation zu ändern. Sie ist es gewohnt, in Hotels zu übernachten, und fühlt sich wohl mit ihrer selbst gewählten Lebensgestaltung. Die Finanzierung ihres Lebensunterhalts ist zusätzlich gesichert, da sie trotz der aktuellen Situation von ihrem Arbeitgeber weiterbezahlt wird. Sie berichtet im Interview:

> „[A]lso ich bin nicht wirklich gestrandet. Ich war letztes Jahr für drei Monate hier und ja, ich habe selten einen Ort gehabt, an dem ich wirklich Tränen vergossen habe, als ich in meinen Flieger steigen musste. […] Ich war letztes Jahr acht Monate unterwegs, und ich hätte auch noch länger in [Land] bleiben können. Ich habe hier nicht nur Freunde gewonnen, sondern wirklich Leute, die ich inzwischen als Familie bezeichne und deswegen – es wäre für mich kein Problem, hier zu bleiben. Aber nichtsdestotrotz weiß ich, dass die gesundheitliche Versorgung in [Heimatland] doch ein bisschen besser ist." (SCZA-CO/P, 26.03.2020)

SCZA-CO/P erzählt, dass sie bereits zuvor in dem Land war, in dem sie sich gerade befindet und dass sie dort so enge Freunde gewonnen hat, dass es ihr sehr schwerfiel, als sie abreisen musste. Zu diesem Zeitpunkt wäre sie gerne noch länger geblieben, weshalb sie sich, als sie das nächste Mal in einem Land in der Nähe befand, entschied, wieder in ihr jetziges Aufenthaltsland zurückzukehren. Die erste Zeit während der Ausgangssperren hielt sie sich auch im Haus einer befreundeten Familie auf, wo sie jedoch kurz vor dem Interview auszog, da sie diesen nicht länger einen wichtigen Wohnraum blockieren wollte und es zu kleineren Streitereien gekommen war. Sie arbeitet unterwegs auf ihrem Laptop sowie auf Reisen. In ihrer Branche gibt es zwar derzeit Einschränkungen und die Dinge, welche dennoch erledigt werden können, verlaufen digital – somit kann sie weiterhin arbeiten. Obwohl sie von sich selbst sagt, dass sie in ihrem Aufenthaltsort so etwas wie Familie hat, zeigt sie wenig Integrationswillen. Sie behält sich stets die Möglichkeit offen, bei Bedarf schnell weiterreisen zu können und verbleibt weiterhin als Besuchende. Auch zeigt sie keinerlei Ambitionen, sich der Lokalgesellschaft auf Dauer anzuschließen. Ihr zurückgelassener Alltag ist ebenfalls nicht bedroht und erscheint ihr stabil. Aus diesen Gründen muss sie dabei von ihrem Denken-wie-üblich kaum abweichen.

Im Ergebnis ist festzustellen, dass die Wandernden Personen sind, die sich normalerweise nicht langfristig an einen spezifischen Ort binden und die der Stützungsbedürftigkeit der alltäglichen Ordnung zum Beispiel nur über ihren Laptop und eine entsprechende Internetverbindung nachkommen können. Wenn ein zurückgelassener Alltag existiert, erscheint dieser derzeit in ihrer Wahrnehmung nicht in Gefahr. Die politischen Maßnahmen zur Eindämmung der COVID-19-Pandemie beeinflussen trotzdem weitere Pläne und potentielle Handlungsentwürfe und halten die Wandernden beispielsweise an einem bestimmten Ort oder zumindest in einem bestimmten Land fest. Dennoch nehmen sie diese Situation nicht als besonders problematisch wahr. Sie zeigen auch nicht sofort als Reaktion auf den Routinebruch durch die politischen Maßnahmen ein Bedürfnis, in das jeweilige Heimatland oder zum zurückgelassenen Alltag zurückzukehren. Die alltäglichen routinierten Handlungsvollzüge oder -entwürfe beziehen sich somit auf das Reisen per se oder darauf, sich in einem bestimmten Land weiterhin aufzuhalten, was durch die lokalen Maßnahmen zwar eingeschränkt, aber nicht verunmöglicht wird. Darüber hinaus leben Personen des Idealtyps der Wandernden meist in einem Hotel, einer Herberge oder einen Hostel, d.h. an Orten für kurzfristige und spontane Aufenthalte. Dies stellt sich bei Personen der anderen Variation der Kosmopoliten – den Zugewanderten – anders dar.

5.1.2. Die Zugewanderten

Die Zugewanderten, die die zweite Variation des Idealtyps der Kosmopoliten darstellen, befinden sich zwar auch dauerhaft und selbstgewählt im Ausland, haben hier jedoch eine Art lokalen Alltag. Dieser kann für mehrere Jahre oder auch nur wenige Monate geplant worden sein. Zugewanderte mieten häufig – ähnlich der lokalen Bevölkerung – eine Wohnung oder zumindest ein möbliertes Zimmer und leben nicht in Fremdenunterkünften für kurze Aufenthalte. Sie planen nicht, dauerhaft am gewählten Ort zu bleiben und zeigen deswegen auch keine Annäherung an die fremde Gesellschaft, wie es bei Alfred Schütz' (1972a) Fremden zu finden ist. Damit sind sie weiterhin der Sozialfigur des Besuchenden zuzuordnen. Die Annäherung an die lokale Gesellschaft bezieht sich häufig ‚nur' auf die als notwendig erscheinenden Aspekte, wie zum Beispiel das Erlernen der lokalen Sprache(n) soweit und falls notwendig.[17] Der Auslandsaufenthalt an einem bestimmten Ort kann zum Beispiel durch eine berufliche Tätigkeit oder ein Studium zeitlich bedingt sein, den Zugewanderten ist dabei jedoch ausgesprochen wichtig, dass sie ein anderes Heimatland haben, in welches sie bei Bedarf zurückkehren können. Sie haben somit zwar einen Alltag im Aufenthaltsland, den sie auch mit nur wenigen Veränderungen trotz der politischen Maßnahmen zur Eindämmung der COVID-19-Pandemie weiterführen können, sehen sich aber trotz des dauerhaften Aufenthaltes nicht dem spezifischen Land als Einwohner zugehörig.

Auch BRKA-CO/P kann seinen Alltag fast ohne Einschränkungen weiterführen, obwohl er sich außerhalb seines Heimatlandes befindet und in seinem Aufenthaltsland rigoros durchgesetzte Ausgangssperren gelten. Ur-

[17] Häufig berichten Zugewanderte im Interview, dass sie die lokale Sprache nicht sprechen, sondern mit den Menschen vor Ort (sei es auf der Straße oder während der Arbeit beziehungsweise im Studium) auf Englisch (seltener Französisch) sowie mit auswendig gelernten Satzfragmenten kommunizieren. Die Kommunikation in lokal aufgenommenen Freundschafts- oder Liebesbeziehungen geschieht ebenfalls auf Englisch oder Französisch, bei keinem unserer Interviewpartner jedoch auf der Landessprache. Eine Interviewpartnerin (AV-TO-CO/P) begründete dies dadurch, dass sie im Falle eines Streits keinen Nachteil aufgrund ihrer mangelnden Sprachkenntnisse haben möchte.

sprünglich war er für eine Therapie bei einem bestimmten Gesundheitsdienstleister in ein anderes Land gereist. Als er vor die Wahl gestellt wurde, mit einem Rückholflug in sein Heimatland zurückzukehren, entschied er sich dafür, diesen nicht wahrzunehmen und im Aufenthaltsland zu verbleiben. Der ausschlaggebende Punkt für ihn war, dass er seine Therapie trotz der politischen Maßnahmen weiterführen kann. Seiner Arbeit kann er weiterhin online nachgehen. Zum Zeitpunkt des Interviews Ende März 2020 plante er zwar schon, in sein Heimatland zurückzukehren, es erschien ihm aber nicht erforderlich, dies so schnell wie es ihm möglich war einzuleiten.[18] So berichtet er im Interview:

> „Die Zukunft ist unvorhersehbar. Wir haben geplant, für zwei Monate hier zu sein, aber wir werden wahrscheinlich unseren Aufenthalt hier um einen weiteren Monat verlängern, aber die Zukunft ist derzeit einfach ungewiss. Wir haben zwar ein Flugticket gebucht [...], aber ich weiß noch nicht. [Heimatland] ist derzeit abgeriegelt und wir haben das Problem, dass wir ein internationales Team sind. Wenn wir von hier weggehen, müssen wir uns aufteilen. [...] Natürlich hat mich die Tatsache, dass alle, die hier waren, sich aus [Land] evakuieren haben lassen, nachdenklich gemacht, aber wenn ich mir die Fakten ansehe, verstehe ich nicht, warum es mir in [Heimatland] besser gehen sollte als hier. [...] Zuhause schneit es. [...] Wir machen noch ein paar Monate weiter wie bisher, [...] ich bin optimistisch." (BRKA-CO/P, 28.03.2020 – aus dem Englischen übersetzt)

Während des Videointerviews sitzt er mit freiem Oberkörper in der Sonne, macht immer wieder die Augen zu und wendet seinen Kopf, um sich zu sonnen – er scheint die Wärme also sehr zu genießen. Er berichtet zu-

[18] Bei einem weiteren Kontakt Ende Juli 2020 berichtete er davon, dass er vor wenigen Tagen mit einem Linienflug in sein Heimatland zurückgekehrt war. Er hat die Zeit auch während der Ausgangssperren genossen und konnte seine Therapie gewinnbringend weiterführen.

nächst davon, dass er sich zwar einer generellen Planungsunsicherheit gegenübersieht und geht auch davon aus, seinen geplanten Aufenthalt verlängern zu müssen, scheint dies aber eher positiv aufzunehmen. So hat er zwar im nächsten Monat ein Flugticket in sein Heimatland gebucht, geht aber nicht wirklich davon aus, dass der Flug stattfinden wird. Darüber hinaus spricht er darüber, dass auch in seinem Heimatland eine Ausgangssperre als politische Reaktion auf die COVID-19-Pandemie ausgerufen wurde, weshalb er für sich keine Notwendigkeit einer verfrühten Rückkehr sieht. Dies wird auch durch die Tatsache verstärkt, dass es in seinem Heimatland gerade schneit – was er eher negativ darstellt – und er sich in dem sonnigen Land, in dem er sich gerade aufhält, wohl fühlt. Indem er diese Entscheidung mit einem ironischen Unterton auf die eigene Wahrnehmung lokaler Wetterbedingungen bezog, verdeutlichte er seine Unabhängigkeit trotz der körperlichen Einschränkungen. Er legte ausdrücklich sein Bedeutungs- und Relevanzsystem dar, das keine Pandemie abändern konnte. So brachte ihn die Pandemie auch einmal dazu, nicht mehr mußevoll in der Sonne zu liegen.
Ebenfalls machte er sich Gedanken darüber, ob er sich wie die anderen Personen, die aus seinem Aufenthaltsland evakuiert wurden, ausfliegen lassen sollte. Er entschied sich jedoch dagegen – auch um seine Therapie fortführen zu können. Seine Erkrankung ist rein motorischer Natur, weshalb er auch keiner Risikogruppe von COVID-19 zugehörig ist und sich nicht besonders bedroht fühlt. Dennoch sieht er für sich selbst einen Zeitpunkt in naher Zukunft, an dem er in sein Heimatland zurückkehren möchte. Kurz gesagt: Für BRKA-CO/P stellt die gegenwärtige Situation kein Problem dar. Er muss keine großen Ordnungsleistungen erbringen, um seinen Alltag, den er gerade darin sieht, seine Therapie durchzuführen und nebenbei zu arbeiten, weiterführen zu können. Seine alltägliche Ordnung wurde somit durch die politischen Maßnahmen aufgrund der COVID-19-Pandemie nicht stark beeinträchtigt und er kann sie weiterführen. Die Pandemie sieht er zwar auf makrostruktureller Ebene als gefährlich an, er

ordnet sie aber auf mikrostruktureller Ebene nicht als ihn direkt gefährdend und damit bedeutungsvoll an. Er und sein Team haben zusätzliche Vorbereitungsmaßnahmen getroffen, sodass eine Erkrankung nach eigener Aussage bis zu einer mittelschweren Ausprägung behandelt werden könnte; damit fühlt er sich sicher. Er nimmt für sich keine Krise wahr und kann fast uneingeschränkt so handeln wie bisher. Auch den Hinwendungsmodus als Besuchender muss er nicht verlassen, da er von dem Bestehen finanzieller Ressourcen, einer Wohnung in seinem Heimatland und einer Beschäftigung ausgeht. Sein Relevanzsystem und sein Gewohnheitswissen sind somit auch weiterhin anwendbar. Er bezog in diese Entscheidung jedoch Expertenwissen mit ein: Er sprach mit verschiedenen medizinischen Fachkräften inner- und außerhalb seines Teams, bevor er sich für seine Position und sein weiteres Vorgehen entschied.

Es kann auch vorkommen, dass Zugewanderte in ihrer Arbeit eingeschränkt werden – vor allem, wenn sie vor Ort einer Arbeit nachgehen, bei der normalerweise eine persönliche Anwesenheit notwendig erscheint. Dies ist auch bei ANGA-CO/P der Fall. Sie berichtet im Interview, wie sie mit den Veränderungen durch die politischen Maßnahmen aufgrund der COVID-19-Pandemie umgeht:

> „[S]eit diesem Montag bin ich in Kurzarbeit. Das heißt, ich bekomme 85% […] meines Nettolohns weiterbezahlt, muss dafür aber nicht mehr arbeiten, was dazu führt, dass ich Zeit habe, Bücher zu lesen, Serien zu schauen, mich meinen Zimmerpflanzen zu widmen und so einfach Zeit für mich hab. Ich nutze die Zeit vor allem für meine eigene Weiterbildung und für Bewerbungen. Ich hatte trotz des Coronavirus den Wunsch, dieses Jahr die Firma zu wechseln. […] Genau, also öffentliches Leben ist größtenteils eingeschränkt, ich habe aber mehr Zeit für mich, mehr Zeit für meinen Freund und bin überrascht, dass das alles so gut läuft." (ANGA-CO/P, 25.03.2020)

ANGA-CO/P erzählt davon, dass sie nicht mehr für ihr Unternehmen arbeiten muss, jedoch Kurzarbeitergeld bekommt. Die freie Zeit, die sie dadurch gewinnt, kann sie gut nutzen und findet Möglichkeiten, sich ihrer Meinung nach gewinnbringend zu beschäftigen. Sie kommt mit der so entstandenen Situation gut klar und zeigt dabei auch nicht das Bedürfnis, in ihr Heimatland zurückzukehren. Sie benennt offen, dass sie derzeit beabsichtigt, in dem aktuellen Aufenthaltsland zu bleiben und keinen Grund sieht, weshalb sie anders darüber denken sollte. Dennoch spricht sie von der Möglichkeit, bei Bedarf bei ihren Eltern in ihrem Heimatland unterkommen zu können. Eine andere Interviewpartnerin betont die Wahl, im Aufenthaltsland zu bleiben, sogar nochmal durch Formulierungen wie „es ist ein geeignetes Land, um als Ausländerin zu leben und ich möchte zurzeit hier leben" (AVTO-CO/P, 28.04.2020 – aus dem Englischen übersetzt). Sie legt also dar, dass sie sich hier als Ausländerin beziehungsweise Fremdstämmige wohl fühlt, sie sich bewusst für den Aufenthalt entschieden hat, dennoch weiterhin als Ausländerin betrachtet und dass sie derzeit beziehungsweise fürs Erste das Land auch nicht verlassen möchte. Ihr ist es wichtig, dass ihre Eltern in ihrem Heimatland aber auch sie die jeweiligen Vorgaben der lokalen Regierung einhalten – obwohl diese stark voneinander abweichen.

Die Zugewanderten sind damit Personen, die sich einerseits für eine bestimmte Zeitspanne an einen spezifischen Ort gebunden haben, jedoch andererseits durch die politischen Maßnahmen zur Eindämmung der COVID-19-Pandemie derzeit nicht so stark an und in ihrem lokal aufgebauten Alltag gehindert werden. Sie haben also nicht das Bedürfnis bekommen, zurückzukehren. Ob die lokale Gegebenheit, für die sie ihre Heimatländer verlassen haben, dabei weiterhin in vollem Umfang genutzt werden kann, erscheint unerheblich, da sie einen Umgang damit finden können. Sowohl ihr lokaler Alltag als auch ihr jeweiliger zurückgelassener, aber bewahrter Alltag unterliegt keinen so starken Veränderungen, dass dieser verunmöglicht werden würde. Deshalb schaffen es die Zugewanderten mit nur geringem Aufwand, einen für sie annehmbar erscheinenden Alltag wiederherzustellen. Sie müssen kaum eine Auslegungsmotivation an ihren Relevanzsystemen oder dem jeweiligen Gewohnheitswissen vornehmen und können zusätzlich auch als Besucher verbleiben, weshalb ihr Denken-wie-üblich nicht fundamental eingeschränkt wird.

5.1.3. Gegenüberstellung der Variationen der Kosmopoliten

Die Zugewanderten unterscheiden sich somit von den Wandernden vor allem dahingehend, dass erstere lokal in einen Alltag eingebunden sind – zum Beispiel aufgrund eines Jobs, eines Studiums oder einer anderen lokalen Gegebenheit oder Einrichtung, die einen persönlichen Aufenthalt erforderlich erscheinen lässt – letztere jedoch nicht. Gemeinsam haben beide Ausprägungen des Idealtyps der Kosmopoliten, dass der Aufenthalt für eine bestimmte Zeitspanne angetreten wurde und zusätzlich eine Rückkehr oder ein Weitergehen bereits geplant ist. Ihr Alltag, in dem sie sich gerade befinden wollen, auch wenn sie an einem anderen Ort einen zweiten haben oder schnell wiederaufbauen können, ist somit in den Worten von Schütz und Luckmann (2003) stets in aktueller Reichweite. Zur Situationseinschätzung wird sich vor allem auf medial vermitteltes (Experten-)Wissen bezogen, da der Bezug auf eigene Erfahrungen kaum möglich erscheint. Der Aufenthaltsort wird dabei nicht als bedrohlicher als das Heimatland antizipiert oder aufgrund der Krise auf makrostruktureller Ebene eine mikrostrukturelle Krise wahrgenommen, da Relevanzsysteme oder Gewohnheitswissen nur geringfügig angepasst werden müssen. Da die Kosmopoliten häufig langjährige (Auslands-)Erfahrung als Besuchende haben, können sie sich leichter mit notwendigen Auslegungen zurechtfinden und Ordnung schaffen. Damit können sie die Kontinuität des Alltags aufrechterhalten.

In einem Sammelband über das Unterwegssein fassen Winfried Gebhardt, Ronald Hitzler und Bernt Schnettler zu ihrer Sozialfigur des Nomaden, den sie neben den Flaneur und den Vagabunden stellen, etwas Ähnliches zusammen. Sie schreiben, dass dieser „keineswegs seinen Neigungen und Launen entsprechend umher[zieht]“ (2006: 11), sondern immer einen Plan hat, der vor allem auch gewisse Zeitmarken beinhaltet. Eine Gemeinsamkeit zwischen dem Nomaden und des Idealtyps der Kosmopoliten ist dabei über diese zeitliche Markierung hier noch hinausgehend, dass beide ihre „Habe beweglich halten und ständig mit sich schleppen“ (ebd.) müssen. Ein Unterschied zwischen diesen beiden Figuren ist, dass der Nomade die Gesamtheit seines Besitzes bei sich hat, Kosmopoliten jedoch einen Aufbewahrungsort haben, an dem vor allem Gegenstände aufbewahrt werden, die nicht auf die Reise mitgenommen werden, ihnen aber als wichtig genug erscheinen, dass sie aus unterschiedlichen Gründen nicht entsorgt werden. An diesen Orten werden zum Beispiel Fotoalben untergebracht, wichtige Unterlagen wie die eigene Geburtsurkunde oder Dinge wie Pfannen und Töpfe, um nach der Rückkehr schnell eine Küche einzurichten. Zeitdiagnostisch und analog zu der Individualisierungsthese von Ulrich Beck (1986)[19] kann der Idealtyp der Kosmopoliten als Subjekt innerhalb der reflexiven Moderne gesehen werden, das die Vorteile einer globalisierten und digitalisierten Welt nutzt, um der jeweils ausgesuchten Wahlbiografie nachzukommen. Sie werden demnach nicht durch Ländergrenzen eingeschränkt, da Personen dieses Idealtyps sich sowohl von Nationalgrenzen als auch von anderen traditionellen Bindungen und sozial vorgegebenen Lebensläufen emanzipiert haben. Insbesondere durch die politischen Maßnahmen zur Eindämmung der COVID-19-Pandemie kann eine Desillusionierung verstärkt auftreten, was bedeuten kann, dass die eigenen Entscheidungen stärker in Frage gestellt werden. Dadurch wird deutlich, dass bestimmte Sicherheitsnetze nicht funktionieren beziehungsweise nicht mehr vorhanden sind. Auch die dritte Phase der Individualisierung wird thematisiert, die Beck und Beck-Gernsheim (2015[1994]) so beschreiben, als dass das Individuum nun die Erkenntnis hat, dass es keine

[19] Später entwickelte er das Konzept unter der Mitarbeit von Elisabeth Beck-Gernsheim zum Beispiel in Beck/Beck-Gernsheim (2015 [1994]) weiter.

unendliche Freiheit gibt beziehungsweise nur ein beschränkter Entscheidungsraum verfügbar ist. Um sich dennoch in die Gesellschaft – im Fall des Idealtyps der Kosmopoliten könnte man eventuell sogar von einer Weltgesellschaft sprechen – zu integrieren, wird eine Selbstbeteiligung notwendig. Dies verdeutlicht den ambivalenten Charakter der Individualisierung als Vergesellschaftungsprozess. Die Herauslösung aus traditionellen Bindungen bringt somit auch eine größere Abhängigkeit von gesellschaftlichen Sicherungssystemen mit sich. Diese sind bekannt, auch wenn Personen des Idealtyps der Kosmopoliten sie nicht direkt in Anspruch nehmen. Die Handlungsfähigkeit können die Kosmopoliten also dadurch (wieder-)herstellen, dass sie sich selbst einen Alltag definieren, der durch die Krise nur marginal eingeschränkt wird. Bei den Wandernden wird die Handlungsfähigkeit demnach durch das Abfinden mit der Situation ermöglicht, bei den Zugewanderten sogar allein durch die Annahme der politischen Maßnahmen zur Eindämmung der COVID-19-Pandemie wie die lokale Bevölkerung.

5.2. Die Rückkehrenden

Personen des Idealtyps der Rückkehrenden nutzen explizit gesellschaftliche Sicherungssysteme, um ihre Handlungsentwürfe durchzuführen. Sie sehen sich zusätzlich gedrängt, etwas an ihrer aktuellen Situation zu verändern, um ihr alltägliches Handeln zu stabilisieren. Die alltägliche Ordnung wird als außerhalb der aktuellen Reichweite befindlich wahrgenommen, was geändert werden soll. Dabei droht die Gefahr, den Ordnungszusammenhang des zurückgelassenen Alltags nicht stabilisieren zu können, wenn dieser nicht rechtzeitig in die aktuelle Reichweite überführt wird. Diese Stabilisierung, die als notwendig erachtet wird, um einen Alltag weiterzuführen, beinhaltet häufig zunächst einen Ortswechsel (meist in das Herkunfts- beziehungsweise Heimatland), was sich jedoch vor allem aufgrund der großflächigen Einschränkungen der kommerziellen Infrastruktur als schwierig oder gar unmöglich erweist. Deshalb versuchen Personen dieses Idealtyps alles Notwendige und teilweise auch Machbare in Gang zu setzen, um ihren Aufenthaltsort zu verlassen. Die subjektive Wirklichkeitswahrnehmung ist bei den Rückkehrenden damit der ausschlaggebende Punkt: sie empfinden es als notwendig, in ihr Heimatland – beziehungsweise „nach Hause" – zurückzukehren, um mit der wahrgenommenen Unsicherheit umzugehen und ortsgebunden Stabilität sowie Normalität zu erreichen. Dadurch können auch bestehende Gewissheiten beibehalten werden. Dies erscheint ihnen notwendig, da es für sie nicht möglich ist, für sich im Ausland aufgrund der politischen Maßnahmen zur Eindämmung der COVID-19-Pandemie eine ausreichende Alltäglichkeit herzustellen.

Die Rückkehrenden nehmen somit die COVID-19-Pandemie als subjektive Krise wahr; insofern, dass sie sich nicht in ihrem Heimatland beziehungsweise bei ihrer Familie (was meist, aber nicht immer identische Orte sind) befinden. Eine Person des Idealtyps der Rückkehrenden ist mit der Aussicht auf einen langfristigen Aufenthalt im Ausland nicht sonderlich zufrieden gestimmt, da die Schaffung von Alltäglichkeit hinterfragbar wird. Die Personen haben für die Situation, keine genau terminierbare Rückkehroption zu wissen, kein Rezeptwissen und wollen deshalb zu einem Alltag zurückkehren, der ihnen bekannt ist. Droht also die situierte Ordnung des umweltlichen Alltags zu brechen, ist die Person nicht mehr in der Lage, diese Welt in die aktuelle Reichweite zu bringen, um die Ordnung handelnd zu stabilisieren. Insbesondere zwei gesellschaftliche Sicherungsinstitutionen wurden im Interview benannt, um sich in einen bekannten Alltag zurückzubegeben: einerseits der Heimatstaat und andererseits die Familie und Freunde. Dies soll im Folgenden als Variationen der Rückkehrenden voneinander differenziert werden.

5.2.1. Die Bürokraten

Zu Beginn der COVID-19-Pandemie organisierten die Mitarbeitenden vieler Botschaften, Konsulate oder anderer diplomatischer Einrichtungen für die Staatsangehörigen des jeweiligen vertretenen Landes, die sich in ihrem Zuständigkeitsbereich befanden, Sonderflüge und andere Transportmöglichkeiten.[20] Diese Maßnahmen waren erforderlich geworden, da viele Menschen aufgrund der Infrastrukturbegrenzungen zur Eindämmung der COVID-19-Pandemie nicht ausreisen konnten, obgleich sie es wünschten. In einigen Staaten erlaubte die jeweilige Regierung zunächst ausschließlich Landungen von Flugzeugen, die eine andere Regierung gechartert hatte.

JUXX-CO/P entschied sich nach anfänglichem Zögern beispielsweise dazu, einen solchen Rückholflug zu nehmen. So berichtet er:

> „[M]ein Flug wäre dann Anfang Mai gewesen, [...] ich habe mich jetzt beim Rückholprogramm von [Staat] eingetragen und die versuchen jetzt, uns nach [Staat] zurückzubringen. Ich habe halt keine Lust, Wochen oder auch Monate dann hier nicht im Stande zu sein, was zu machen – und dann auch im Lockdown, wo man sich dann noch nicht mal bewegen kann oder wandern. [...] Am Anfang habe ich dann gedacht ‚kein Problem, ich wandre jetzt einfach weiter' und dann jetzt vor zwei Tagen bin ich dann nach [Stadt] gekommen und da gab es dann so Gerüchte [...] und das hat sich halt dann jetzt alles bestätigt heute. [...] So wird eigentlich alles schlimmer und da habe ich einfach keine Hoffnung, dass das sich in nächster Zeit bessert, sondern eher noch schlimmer wird und dann habe ich dann den Entschluss gefasst, zurückzufahren und hoffe, dass es klappt. [...] Da bin ich dann halt doch lieber eben Zuhause und dann jetzt nicht hier irgendwie gestrandet." (JUXX-CO/P, 26.03.2020)

[20] Im Fall von Nepal organisierten Mitarbeitende der deutschen Botschaft in Kathmandu zusammen mit der französischen Botschaft mehrere Sonderflüge aus Kathmandu nach Frankfurt, München und Paris. Auf diesen Flügen wurden neben deutschen Staatsangehörigen (mit engen Familienangehörigen und Personen mit Aufenthaltsgenehmigung) auch andere Staatsangehörige zugelassen, um alle Plätze auszufüllen. Zusätzlich organisierte die Botschaft Flüge und Busse von Pokhara sowie Lukla in die Hauptstadt Kathmandu.

Zunächst spricht JUXX-CO/P davon, dass er zwar schon einen Flug gebucht hatte, um in sein Heimatland zurückzukehren, er aber schon vor dem Interviewzeitpunkt davon ausgegangen war, dass dieser nicht abfliegen wird, obwohl er noch nicht offiziell storniert wurde. Deswegen hat er sich dazu entschieden, einen Rückflug seines Heimatstaates zu nutzen. Er hat sich deshalb rechtzeitig auf die dafür angelegte Liste eingetragen beziehungsweise eintragen lassen. Als erste Reaktion auf die politischen Maßnahmen hatte er sich zunächst dazu entschieden, seine Wanderung weiterzuführen, merkte dann aber schnell, dass ihn die politischen Maßnahmen zur Eindämmung der COVID-19-Pandemie stärker und vor allem langfristiger einschränken (werden), als er am Anfang annahm. Deswegen versuchte er nun, sich von seinem Heimatstaat ausfliegen zu lassen – dies beinhaltete in seinem Fall neben dem Rückflug auch einen längeren Transport durch das Aufenthaltsland hin zum internationalen Flughafen – damit er bei seiner Partnerin und seiner Familie die Zeit der Ausgangssperren verbringen konnte. Im Angesicht der Einschränkungen seines Alltags als Besuchender hat er sich entschieden, diesen Status früher als geplant aufzugeben. Er wollte zügig in seinen Alltag in seinem Heimatland, in seine Wohnung mit Familie, Freunden und Partnerin soweit es eben trotz der politischen Maßnahmen zur Eindämmung der COVID-19-Pandemie geht, zurückzukehren. Er war dabei guter Hoffnung, dass er in naher Zukunft auch zurückkehren kann und vertraute dahingehend auch den Botschaftsmitarbeitenden seines Heimatlandes im Aufenthaltsland.[21] Für JUXX-CO/P wurde die Situation problematisch, als er bemerkte, dass er seine ursprünglich entworfene Handlung – bestehend vor allem aus der Wanderung – nicht fortführen konnte. Dafür suchte er nun eine Lösung und dachte dabei zuerst an sein Heimatland, das er kontaktierte und welches dann die Organisation eines Rückflugs sowie eines Transportes innerhalb des Landes übernahm. Durch diese Vorgehensweise erschien ihm sein

[21] Am Tag nach dem Interview wurde er von der für ihn zuständigen Botschaft in die Hauptstadt des Aufenthaltslandes gebracht und reiste von dort einen weiteren Tag später in sein Heimatland aus, wie er bei einer späteren Kontaktaufnahme berichtete.

zurückgelassener Alltag (in seiner Wohnung bei seiner Partnerin) in erlangbarer Reichweite. Nach der Botschaftszusage, dass er voraussichtlich ausgeflogen werden würde, konnte er die für ihn bestehende Problematik durch einen neuen Handlungsentwurf zufriedenstellend lösen. Er hatte dazu einen spezifischen Wissensvorrat (der ihm entweder von Medien, Mitreisenden, Angehörigen beziehungsweise Freunden vermittelt wurde oder schon durch Vorerfahrungen bestand), auf den er sich beziehen konnte, um die Schritte vorzunehmen, die sein Heimatland formal und bürokratisch erwartete, damit er ausgeflogen werden konnte. Durch die Rückreise würde sein zurückgelassener Alltag wieder in die aktuelle Reichweite rücken.

Dieses Vertrauen ist jedoch nicht bei jedem Staat durch die jeweilige Bevölkerung selbstverständlich. So stellt sich die Situation bei NIRA-CO/P ein wenig anders im direkten Vergleich zu JUXX-CO/P dar. Sie war Anfang März 2020 mit ihrem Mann und dem jüngsten der drei gemeinsamen Kinder in ein anderes Land gereist. Dort wollten sie für drei Wochen den Onkel ihres Mannes besuchen, um das jüngste Kind der erweiterten Familie vorzustellen. Der ursprünglich geplante Rückflug war bei ihnen jedoch zwei Tage nach Beginn der weitreichenden infrastrukturellen Einschränkungen zur Eindämmung der COVID-19-Pandemie im Aufenthaltsland. Die politischen Maßnahmen im Land ihres Aufenthaltes bezogen sich unter anderem auf Ausgangsbeschränkungen, da das Haus nur zu genau definierten Stunden verlassen werden durfte. Zusätzlich gab es infrastrukturelle Maßnahmen und der komplette Nah- und Fernverkehr wurde eingestellt sowie Zulassungsbeschränkungen zu bestimmten Bezirken, die nicht verlassen beziehungsweise betreten werden durften. Eine andere Interviewpartnerin (STMI-CO/P), die sich im selben Land aufhält, berichtet sogar davon, dass sie die Grenzen ihres Stadtteiles nicht übertreten darf. Dies war insbesondere deswegen problematisch, da sie mit einer weiteren Person mit einer schweren Allergie unterwegs war, die nicht zu

einem Krankenhaus oder eine Apotheke kommen konnte, um notwendige Medikamente zu kaufen.
NIRA-CO/P beschreibt im Interview sehr eindrücklich, wie sie mehrfach vergeblich versuchte, Flüge zu organisieren. Diese wurden jedoch entweder nach kurzer Zeit storniert oder nach ihrer Ankunft am Flughafen einfach ohne Mitteilung nicht durchgeführt. Sie wandte sich deshalb an die Botschaft ihres Heimatlandes, die versprach, sie zu kontaktieren, sobald ein Flug möglich sei. Mehrere von der Botschaft organisierte Flüge wurden durchgeführt ohne, dass sie kontaktiert wurde. Das hatte sie tief erschüttert. Dennoch verlor sie nicht das Vertrauen in die Kompetenzen ihres Heimatstaates. So berichtet sie im Interview:

> „Es gab keine Hilfe. [...] Wir saßen hier und die Rechnungen gehen immer noch über den Einkauf hinaus. Und, weißt du, ein Flugticket kostet jetzt das Doppelte. [...] Aber an diesem Punkt will man einfach nur nach Hause, oder? Ich meine, was soll man machen? Zum Glück kann ich etwas arbeiten. Ich unterrichte, damit konnte ich schon online anfangen. [...] Man weiß nicht, wie lange diese Ausgangssperre noch dauern wird und ich wollte unsere ganze Familie zusammen haben [...] Und es gab auch Angst in [Region], sodass die Bewohner den Ausländern die Schuld geben. Sie sagten, dass die Ausländer diejenigen seien, die dieses Virus in ihr Land gebracht hätten. [...] In den ersten Tagen hatte ich nicht das Gefühl, dass das wirklich passiert ist, weißt du? Ich dachte: ‚Nein, wir werden aufwachen und es wird nichts sein'. Aber dann wacht man auf und jeden Tag hörte man mehr und wir sind mittendrin. Das war der beängstigende Teil." (NIRA-CO/P, 29.04.2020 – aus dem Englischen übersetzt)

Was NIRA-CO/P möchte, ist nach Hause zu fliegen. Sie wünscht bei ihren zwei weiteren Kindern zu sein, die derzeit von den Eltern ihres Mannes betreut werden. Zusätzlich möchte sie wieder richtig arbeiten können und hat Angst, ihre Rechnungen aufgrund mangelnder Einkünfte nicht bezahlen zu können. Sie sieht für sich mundane Verpflichtungen, denen sie nachkommen möchte und ihrer Meinung nach auch muss. Diese Verpflichtungen erfüllen zu können geht für sie nur von Zuhause von ihrem zurückgelassenen Alltag aus. Sie hat große Angst – vor allem die Unplanbarkeit und die Unsicherheit der sie umgebenden Situation machen ihr zu schaffen. Als Lösung sieht sie deswegen, wieder nach Hause zu gelangen. Sie geht dabei davon aus, dass sie dort ihren Alltag so fortführen kann, wie es für sie in Ordnung erscheint. Sie hat zusätzlich die Angst, dort, wo sie sich aufgrund des Lockdowns aufhalten musste, angegriffen zu werden. Dies hatte sie von anderen Touristen gehört und konnte es sich auch durch mit Stöcken bewaffnete Polizeimitarbeitenden und Zivilpersonen auf den Straßen vorstellen. So ist ihre Reaktion hauptsächlich von dem Wunsch erfüllt, so schnell wie möglich und auch fast schon egal zu welchem Preis nach Hause zurückzukommen. Sie fühlt sich fast wie im Traum und kann das, was vorgeht, eigentlich nicht wirklich fassen, weshalb es ihr Bestreben ist, den Ort aufzusuchen, an dem sie sich sicher fühlt und an dem sie ihr alltägliches Handeln stabilisieren kann: ihr Zuhause, mit ihrem Mann und allen Kindern. Das Sicherheitsgefühl in der sie umgebenden Pandemie scheint somit lokal an ihr eigenes Haus gebunden zu sein. In der symbolischen Sinnwelt des Traums hat sie dabei ein passives Bewusstsein und kann nicht handelnd wirken. Sie fühlt sich also zu einem gewissen Grad machtlos und empfindet ihre Erlebnisse als surreal, da sie nicht fassen kann, was vor sich geht.

Zum Zeitpunkt des Interviews war NIRA-CO/P wenige Tage zuvor in ihrem Heimatland angekommen und konnte ihren stützungsbedürftigen Alltag auf diese Weise erreichen und sichern – wenn auch mit einigen Umwegen. Sie konnte ihre Kinder auf Entfernung wiedersehen und ihren Job auch ohne Zeitverschiebung und mit stabiler Internetverbindung wieder aufnehmen, auch wenn sie noch weitere zwölf Tage in Quarantäne verbringen musste. Damit ist der zurückgelassene Alltag für sie auch örtlich wieder so nah gerückt, dass er für sie in potenzieller Reichweite erscheint, was für sie viel Sicherheit bedeutet. Sie erscheint insgesamt sehr stark verängstigt und die Unsicherheit nahm sie stark mit. Dies war der Fall, da sie weder ihr Alltagswissen anwenden konnte noch ihr bisheriges Relevanzsystem umsetzbar war. Sie war also dazu gezwungen, mit der veränderten Situation zurechtzukommen beziehungsweise sie insoweit zu verändern, wie es ihr möglich war. Sie nahm sich selbst als Besuchende war, weshalb es ihr schwerfiel, den zurückgelassenen Alltag (durch die Ausübung ihres Berufs) mit dem lokalen Alltag im fremden Land zu verbinden. Die Möglichkeit zu unterrichten und Geld zu verdienen hatte sie, dennoch nahm sie dies als sehr fremd wahr. Ihre handelnde Problemlösung (die versuchten Ticketbuchungen und Flüge) war so lange nicht ausreichend, wie sie es noch allein ohne den Staat versuchte. Es wirkte im ersten Moment auch so auf sie, als ob die Botschaftsmitarbeitenden, die davon sprachen, dass Familien mit Kindern sowie Risikogruppen zuerst ausgeflogen werden würden, sie im Stich lassen würden. Diese Erfahrungen irritierten ihr Vertrauen in den Staat und auch ihren Wissensvorrat, in welchem sie ihr Land zunächst als vertraulichen Helfenden aufgenommen hatte, in höchstem Maße.[22]

Einen Rückholflug nahm auch CAKO-CO/P, er musste aber jegliche Planungen für die nächste Zeit, in der er als Besuchender in verschiedenen Ländern Filmprojekte durchgeführt hätte, fallenlassen. Er kehrte in seine alte Wohnung zurück, die er eigentlich untervermietet hatte; der Mieter war jedoch aufgrund der COVID-19-Pandemie deutlich früher abgereist als geplant. Zusätzlich ist CAKO-CO/P nun arbeitslos geworden und hat

[22] Zusätzlich fällt auf, dass sie immer wieder Bezüge zur interviewenden Person sucht, die auf die Schütz'sche (1971a) Annahme der Reziprozität der Perspektive hindeuten könnten. Dies fällt insbesondere dann auf, wenn sie Aussagen trifft, die dann mit einer rhetorischen Frage beim Gesprächspartner abgeglichen werden (beispielsweise „Aber an diesem Punkt will man einfach nur nach Hause, oder?"), aber auch, wenn ein Bezug auf das implizit angenommene geteilte Wissen und Relevanzsystem hergestellt wird (zum Beispiel „weißt du?"). Diese Reziprozitätsannahmen finden sich in diesem Interview gehäuft, weshalb annehmbar sein könnte, dass sie davon ausging, dass die interviewende Person eine ebenso starke krisenhafte Erfahrung wie sie selbst wahrgenommen hat.

kein regelmäßiges Einkommen (weder durch Miete noch Arbeit) mehr, wie er im Interview berichtet:

> „Wir werden sehen, wann die Grenzen wieder geöffnet werden. Wenn es sich wie bei mir um Vertragsarbeit handelt, kann man danach einfach gehen und andere Dinge machen. Aber nicht nur die Filmindustrie hier in [Heimatland] ist komplett abgeblasen. Ich konnte auch nicht nach [Land, in welches er abreisen wollte] gehen. Das Projekt ist also auch abgeblasen. Jetzt gibt es im Moment keine Arbeit für mich. Als wir vom [Trek] abstiegen, brach uns also alles zusammen. Als wir am allerletzten Tag abstiegen, hatten wir 4G-Internet und wir sahen, was passiert war. Ich schrieb sofort auf WhatsApp die Leute in [Land, in welches er abreisen wollte] an und berichtete ihnen, was bei uns passiert." (CAKO-CO/P, 18.04.2020 – aus dem Englischen übersetzt)

Im Interview – zu diesem Zeitpunkt war er seit zwei Tagen wieder in seinem Heimatland und befand sich allein in Quarantäne in seiner alten Wohnung – berichtet er davon, dass er keine Perspektive sieht, zurzeit in seinem Beruf arbeiten zu können. In näherer Zukunft verbleibt er somit arbeitslos. Er ist davon abhängig, dass die internationalen Grenzen wieder öffnen oder zumindest lokal die Filmindustrie wieder anläuft und er dabei für ein Projekt angestellt wird. Er erzählt von dem Schlüsselmoment, in dem all dies über ihm zusammenbrach, sehr ausführlich. Andere Interviewte nutzten zur Beschreibung den Begriff „Corona-News-Flash" (unter anderem KAKR-CO/P, 21.03.2020) und berichteten von dem Moment, an dem sie die Situation und die politischen Maßnahmen zur Eindämmung der COVID-19-Pandemie insofern wahrnahmen, dass sie für sich feststellten, dass ihre Handlungsentwürfe nun nicht mehr durchführbar sein werden. Dies konzentrierte sich bei vielen Interviewpartnern auf einen bestimmten Tag, da in vielen Ländern sehr kurzfristige politische Maßnahmen zur Eindämmung der COVID-19-Pandemie mit weitreichenden Folgen vor allem für die Infrastruktur eingesetzt wurden. Bei vielen war für mehrere Tage kein Internet- oder Handyempfang verfügbar, so dass sie von den Maßnahmen erst kurz vor oder sogar erst nach deren Einsetzen erfuhren.

Bei den Teilnehmenden meiner Reisegruppe und mir war die Situation vergleichbar: Wir befanden uns, wie in der Einleitung beschrieben, 14 Tage lang in sehr ländlichen Gebieten, sodass wir erst drei Tage vor Beginn der landesweiten Einschränkungen die erforderlichen Informationen erhielten. Diesen Zeitraum brauchten wir auch, um nach Lalitpur zurückzukehren. CAKO-CO/P kann dies ebenfalls auf einen bestimmten Tag terminieren: es war der Tag des Abstiegs nach Beendigung der Wanderung. Er ergriff sofort Maßnahmen, um seine geplante zukünftige Arbeitsstelle davon in Kenntnis zu setzen, konnte aber nichts tun, um die Projektmitarbeit trotz der besonderen Umstände anzutreten. Als handelnde Problemlösung änderte er seinen Handlungsentwurf dahingehend, dass er in sein Heimatland und in seinen bewahrten Alltag zurückkehrt, um diesen zu stabilisieren. Dies bezieht sich bei ihm insbesondere auf die Wohnung – verstärkt durch die Angst, in finanzielle Bedrängnis zu geraten und neben der beruflichen Tätigkeit zusätzlich die Wohnung zu verlieren.

Sowohl bei JUXX-CO/P als auch bei NIRA-CO/P, CAKO-CO/P und anderen Interviewten ist eines deutlich zu erkennen: sie mussten nicht nur für sich persönlich ihren Alltag in aktueller Reichweite stabilisieren, sondern erachteten es auch als notwendig, die alltägliche Ordnung beziehungsweise den zurückgelassenen Alltag durch ihre eigene Rückkehr dahin handelnd zu stabilisieren. Dabei verließen sie sich auf staatliche Strukturen. Dies ermöglichte es Ihnen auch, in ihr Heimatland zurückzukehren. Dieser Typus ist somit in der Zielerreichung abhängig von einem extern organisierten Rückholflug, er kann aber auch ohne die Wahrnehmung oder das Angebot eines solchen teils kostenintensiven Flugs vorkommen. Diese finanzielle Hürde hielt jedoch keinen der Interviewpartner davon ab, wie angestrebt, einen solchen Flug in Anspruch zu nehmen. Zu dieser

Gruppe können somit auch Personen gezählt werden, die sich darauf verlassen, dass ihr Heimatland sie – falls notwendig geworden – aus dem Ausland wieder zurückholt.

5.2.2. Die Netzwerkenden

Im Gegensatz zu der bereits vorgestellten Variation der Bürokraten, gibt es jedoch auch Personen, die ohne Unterstützung ihres Heimatstaates zurückkehren. In dieser Studie bilden sie die Variation der Rückkehrenden, die hier als Netzwerkende bezeichnet werden sollen. Meist hat der jeweilige Heimatstaat der Netzwerkenden auch keine Strukturen, um diesem Wunsch der Rückreise nachzukommen. Dies kann dadurch verstärkt werden, wenn es im Heimatstaat zum erforderlichen Zeitpunkt massive politische Unruhen gibt. Dies scheint insbesondere – aber nicht nur – bei nicht demokratischen Staaten der Fall zu sein. Deswegen versuchen die Menschen, die ohne staatliche Assistenz zurückkehren und die empfundene Krise bewältigen wollen, andere Wege zu gehen. Hierbei nutzten die Netzwerkenden insbesondere soziale Medien und andere technische Hilfsmittel, um sich Informationen und Reisemöglichkeiten zu beschaffen – beispielsweise über Bekannte, die an Flughäfen oder in Reiseagenturen arbeiten.

So zum Beispiel war es bei KIJO-CO/P, der mehrere Flüge, Busfahrten und Grenzübertritte zu Fuß in Anspruch nahm, um in sein Heimatland und in das Haus seiner Eltern auf dem Land zurückkehren zu können. Da sein Heimatland sein Aufenthaltsland trotz hoher Fallzahlen nicht zum Risikogebiet erklärte, konnte er nicht auf einen offiziellen Rückholflug hoffen. So unterstützen ihn seine Familie und Freunde bei seinen Rückkehrbemühungen sowohl durch ihr persönliches Engagement als auch finanziell. Zusätzlich bot ihm ein Freund eine Übernachtungsmöglichkeit auf dem Weg, da die Hotels im entsprechenden Gebiet keine neuen Gäste mehr aufnehmen durften oder wollten.

Ähnliches war auch bei GEGO-CO/P zu sehen. Sie befand sich für ihr Masterstudium in einem Staat, der über ein ausgesprochen gutes Sozial- und Gesundheitssystem verfügt, auf welches sie mit ihrem Aufenthaltsstatus auch berechtigt ist, zuzugreifen. Den Vertretern ihres Heimatlandes, einem verhältnismäßig jungen Staat, in dem es bereits zu Beginn der COVID-19-Pandemie politische Unruhen gegeben hatte, traute sie nicht zu, sie bei ihrer angestrebten Rückkehr zu unterstützen. Dennoch war es ihr wichtig, zu ihrer Familie zu reisen. Von dort aus erzählt sie im Interview:

> „Ich sah, dass die Situation eskalierte, [...] aber sie nahmen es in [Studienland] nicht wirklich ernst. [...] Aber am nächsten Tag, als ich das Ticket kaufte, bestätigten sie die ersten Fälle hier [im Heimatland] und ergriffen sofort äußerst strenge Maßnahmen. [...] Ich sollte auch darauf vorbereitet sein, dass sie mich mit demselben Flug zurückbringen würden [sagten mir Freunde vom Flughafen]. [...] Man musste auch unterschreiben, um die Grenze passieren zu können, 14 Tage lang in Selbstquarantäne zu gehen und die Regeln der Selbstquarantäne wurden klargestellt, [...] dass, wenn die Polizei dich erwischt, [...] du zwei Jahre Gefängnis riskierst." (GEGO-CO/P, 29.03.2020 – aus dem Englischen übersetzt)

Sie beschreibt, dass sie das Gefühl hatte, dass die Menschen in ihrem Studienland die Gefahr durch den Virus nicht ernst genug nahmen. Zu diesem Zeitpunkt gab es dort nur wenige politische Einschränkungen des öffentlichen Lebens zur Pandemieeindämmung. Da es kurz vor den zweiwöchigen Semesterferien war, entschied sie sich nach Rücksprache mit der Universität dazu, zu ihren Eltern zu fliegen, weshalb sie Flugtickets an zwei verschiedenen Tagen für die Strecke kaufte. Kurz nach dem Kauf der Tickets wurden in ihrem Heimatland die ersten Fälle von COVID-19 erfasst und die Regierung des Landes verhängte eine Ausgangssperre sowie infrastrukturelle Einschränkungen. Auch wurde sie von Freunden, die an ihrem Zielflughafen arbeiteten, darüber informiert, dass es möglich sein könnte, dass sie in dem Land nicht von Bord gelassen, sondern sofort zurückgeflogen wird. Dieser Flughafen befand sich im Nachbarland ihres Heimatlandes, da ihr Heimatland keinen geeigneten internationalen Flughafen besitzt. Von dort wollte ihr Vater sie dann abholen. Ergänzend war es erforderlich, eine Erklärung zu unterzeichnen, dass man sich – unter Androhung von bis zu zwei Jahren Gefängnisstrafe – 14 Tage lang in Selbstquarantäne begeben muss. Diese Unsicherheiten auf dem Weg zu ihrer Kernfamilie (bestehend aus Geschwistern und Eltern) haben sie nicht von ihrem Versuch abgehalten, diesen Weg einzuschlagen. Da sie durch wahrgenommene potenzielle Gefahren durch die COVID-19-Pandemie in ihrem Studienland, in welchem sie sich trotz besserer Gesundheits- und Sozialversorgung nicht aufgehoben fühlte und in ihrem Alltag im Studium so stark gestört wurde, war es ihr primäres Bestreben, in ihr Heimatland und zu ihrer Familie zurückreisen. Sie gab auch eine mögliche Erklärung ab, aus welchen Gründen ihr familiäre Strukturen mehr Sicherheit bieten als andere, indem sie erzählt:

> „In [Studienstadt] dachte ich immer: ‚Was, wenn ich krank werde? [...] Wer hätte mir geholfen?‘ [...] Ich war eine Geflüchtete, als ich sieben Jahre alt war. Ich sah, dass alle aus meinem Land sehr paranoid wurden, weil wir irgendwie verstehen, wie leicht sich alles innerhalb eines Tages ändern kann. [...] Eines Tages kann man einen Job haben, ein schönes Leben [...] und am nächsten Tag gibt es Krieg und jemand aus deiner Familie wird vergewaltigt und getötet und dein Haus wird niedergebrannt. Wir sind es gewohnt, für uns selbst zu sorgen, wir denken nie: ‚Selbst, wenn was passiert, habe ich die Regierung oder ich kann diese Subvention oder diese soziale Hilfe von meiner Regierung beantragen‘. Wir erwarten das nicht, also sparen wir Geld. Wir haben Lebensmittel. Wir haben alles, weil wir daran gewöhnt sind, dass uns so etwas passiert und wir wissen, dass niemand da ist, der sich um uns

kümmert." (GEGO-COP, 29.03.2020 – aus dem Englischen übersetzt)

Hier erzählt GEGO-CO/P, dass sie an ihrem Studienort Angst davor hatte, krank zu werden und dabei keinen Menschen zu haben, dem sie sich anvertrauen konnte oder der sich um sie bemühen würde. Sie erzählt dabei noch ausführlicher von einer Lebensmittelvergiftung vor ein paar Monaten, bei der ihre Mitbewohnerin sie ihrer Wahrnehmung nach komplett im Stich gelassen hatte und sie sich in der Folge sehr unwohl fühlte. Was ihr allerdings im Krankheitsfall und bei der Angst vor den Auswirkungen der COVID-19-Pandemie Sicherheit bietet und wichtig ist, sind ihre Familie und die Ressourcen, die sie gemeinsam in Form von Geld, Lebensmitteln und Dingen des täglichen Gebrauchs als Vorrat angelegt haben. Ihr zurückgelassener Alltag ist somit für sie besonders präsent und bietet ihr eine Sicherheit, die sie in ihrem Studienland so nicht findet. Sie erzählt, dass sie als aufgrund einer vor Krieg geflüchteten Person die Situation erlebt hat, dass sich Dinge sehr schnell ins Negative verändern können und sie deshalb gut darauf vorbereitet ist, (Not-)Situationen mit ihrer Familie durchzustehen und sich dabei um sich selbst zu kümmern. Auch die aktuelle Situation empfindet sie somit als Krise. Dabei spricht sie auch an, dass sie sich nicht wie andere auf die Regierung ihres Heimatlandes oder dessen Sicherungssysteme verlässt.[23] Sie hat somit einen konkreten Handlungsentwurf und auch Rezeptwissen, das sie im Krisenfall anzuwenden weiß. Dahingehend haben sie und ihre Familie auch aufgrund von Vorerfahrungen entsprechende Maßnahmen getroffen. Für sie bedeutet die Rückkehr in ihr Heimatland somit nicht nur den Ortswechsel in eine bekannte Umgebung, sondern verstärkend die Rückkehr zu Ressourcen, aus

[23] Zwölf Tage nach ihrer Rückkehr in ihr Heimatland gab es dort einen Regierungssturz, der zum Zeitpunkt des Interviews gerade zwei Tage zurückliegt. Sie spricht von diesem Umsturz sowie den landesweiten Protestwellen erst recht spät im Interview in nur wenigen Sätzen und lässt dem Thema keine große Bedeutung zukommen, da es sie nicht zu überraschen oder verunsichern scheint.

welchen sie bei Bedarf schöpfen kann. Diese Ressourcen bezieht sie sowohl auf Lebensmittelvorräte als auch auf finanzielle Rücklagen und die für sie wichtige emotionale und physische Nähe. Ihre Wahrnehmung der Ausbreitung der COVID-19-Pandemie erinnert sie an das als Geflüchtete erworbene Wissen und sie unternimmt somit Anstrengungen, um ihren Plan, den sie im Umgang mit Krisen hat, mit einem „voluntativen fiat" zu versehen und umzusetzen. Da dieser Plan lokal an ihre Eltern gebunden ist, versucht sie, diese zu erreichen und somit die schutzbietende Welt von der erlangbar erscheinenden in die aktuelle Reichweite zu bringen.

Personen der hier besprochenen Variation schaffen es, ihre alltägliche Ordnung handelnd zu stabilisieren, indem sie ihr eigenes Netzwerk nutzen. Dieses Netzwerk besteht dabei zumeist aus der Familie und Freunden, weniger auch geschäftlichen Kontakten. Sie nutzen die gesellschaftliche Sicherungsinstitution der Familie und des Freundeskreises, um sich im Krisenfall durch einen Ortswechsel eine Form von Normalität herzustellen und mit der sie umgebenden Unsicherheit zurechtzukommen. Die Welt, die sie in die aktuelle Reichweite bringen wollen, bietet dabei die Möglichkeit, durch die Unterstützung von Freunden und Familie eine empfundene Krise gemeinsam zu überstehen. Das Zusammenfinden bietet den Netzwerkenden dabei die Gelegenheit, einen Handlungsentwurf zur individuellen Krisenbewältigung umzusetzen. Inwieweit die Netzwerkenden und ihr Umfeld dabei die gemeinsame Krisenbewältigung bereits geplant haben, kann sich stark unterscheiden und von einfachen Informationsweiterleitungen im Gefahrenfall bis zum Horten von Geld und Dingen des täglichen Gebrauchs stark variieren.

5.2.3. Gegenüberstellung der Variationen der Rückkehrenden

Personen des Idealtyps des Rückkehrenden zeichnen sich vor allem dadurch aus, dass diese sich auf eine gesellschaftliche Sicherungsinstitution beziehen. Dadurch wollen sie eine Lösung für das Problem finden, das aus der durch den Routinebruch geprägten Situation besteht. Dabei fügen sie sich den formellen und informellen Regeln der jeweiligen Institution und haben ein Vertrauen in diese. Im Gegenzug werden sie unterstützt, wenn sie den Anforderungen der gewählten Sicherungsinstitution entsprechen, soweit es dieser möglich ist. Somit ist es einer Person des Idealtyps der Rückkehrenden möglich, mit dem Routinebruch als Besuchende umzugehen und insoweit eine bekannte Ordnung wiederherzustellen, wie es trotz der weltweiten politischen Maßnahmen zur Eindämmung der COVID-19-Pandemie möglich ist. Damit ist auch eine Rückkehr in solche Routinen möglich, die dem Subjekt bekannt sind, wodurch kein erneuter Routinebruch nach dem als Besuchende evoziert wird. Die Handlungsfähigkeit des Einzelnen wird bei den Bürokraten damit durch den Staat und bei den Netzwerkenden durch das Netzwerk gesichert.

Die Interviewten wählten zunächst als soziale Sicherungsinstitution meist den Staat. Wenn das Vertrauen in diesen jedoch nicht (mehr) bestand – was auf Vorerfahrungen zu beruhen schien – wird die Institution der Familie beziehungsweise Freundschaft oder andere Gruppen, die Gewissheiten bieten können, gewählt. Für beide Variationen erscheint somit ein Wissensvorrat existent, der im Krisenfall angewendet werden kann. Dieser Wissensvorrat wurde dabei entweder durch Vorerfahrungen oder durch Annahmen in Zuständigkeiten gebildet. Darüber hinaus scheint es für Rückkehrende einer jeden Variation erforderlich zu sein, in das Heimatland beziehungsweise zur Familie zurückzukehren, um den zurückgelassenen Alltag dort zu nutzen, damit die eigenen Vorstellungen von Normalität, Stabilität und Alltag verwirklicht werden können. Dies scheint insbesondere im (wahrgenommenen) Krisenfall wichtig zu werden, da die Rückkehrenden sich ja zuvor entschieden hatten, den Ort bewusst zu verlassen. Am Ort der Rückkehr finden sowohl die Bürokraten als auch die Netzwerkenden eine Sicherheit, die im Ausland nicht gegeben ist. Dies könnte daran festgemacht sein, dass die Rückkehrenden eine Kontinuitäts- und Konstanzannahme gegenüber dem Aufenthalt in ihrem Heimatland haben, wodurch das Gewohnheitswissen nach der Rückkehr nicht länger fragwürdig zu sein scheint, sondern angewendet werden kann – wenn auch mit Einschränkungen aufgrund der lokalen Maßnahmen zur Pandemieeindämmung. Dadurch schien ihnen beispielsweise die geplante Rückkehr oder die Weiterführung ihres Alltags verunmöglicht. Dabei war ihr Alltag (sowohl der aktuelle als auch der zurückgelassene) bedroht. Über die jeweiligen Maßnahmen im Heimatland äußerte sich nämlich keiner der Interviewpartner kritisch, wohl aber gegenüber den Maßnahmen im ursprünglichen Aufenthaltsland. Somit scheint auch für die Rückkehrenden nach ihrer Rückkehr die Ordnung wieder insoweit wiederhergestellt, dass sie ihr Alltagswissen wieder wie gewohnt anwenden können. Somit müssen sie im ursprünglichen Aufenthaltsland auch nicht ihren Hinwendungsmodus als Besuchende verlassen und können wieder in ihre Ursprungsgesellschaft und ihrem Denken-wie-üblich meist unproblematisch zurückkehren. Nur bei wenigen scheinen die Erfahrungen des Gestrandetseins so prägend, dass sie diese nicht sofort verarbeiten konnten oder die Entfernung von der Ursprungsgesellschaft so stark, dass die Rückkehr nicht zur ersehnten Heimkehr wurde. Dies wurde bei diesen wie bei Alfred Schütz' Heimkehrer (1972b) durch die Entwicklungen vor Ort erschwert. Dennoch wurde mehrfach thematisiert, dass Veränderungen in der Ursprungsgesellschaft stattgefunden hatten und dass es als Anstrengung empfunden wurde, sich an diese anzupassen.[24]

Personen des Idealtyps der Rückkehrenden bleiben demnach handlungsfähig, indem sie sich auf eine gesellschaftliche Institution beziehen, die sie insoweit unterstützt, dass sie eine Bewältigung der wahrgenommenen Krise nach einer entworfenen Handlung umsetzen können. Dabei ist auffällig, dass Personen des Idealtyps der Bürokraten nur ein reines Bekanntheitswissen mit dem Aufenthaltsland benötigen, um handlungsfähig zu

[24] Ich selbst empfand eine solche Adaptionsproblematik ebenfalls bei meinem ersten Lebensmitteleinkauf in Deutschland nach meiner Rückkehr Mitte April 2020. Erstmals erlebte ich bewusst die seit längerem etablierten Verhaltensrichtlinien, an die sich die anderen Einkaufenden bereits gewöhnt zu haben schienen. Weitere Unsicherheiten bestehen bei mir persönlich zum Beispiel noch bei der Nutzung von städtischen Aufzügen, bei denen mir der korrekte Zeitpunkt des Aufsetzens der Masken noch immer rätselhaft erscheint.

bleiben und sich weiterhin auf eine Institution ihres Heimatlandes verlassen können. Personen des Idealtyps der Netzwerkenden benötigen zusätzlich jedoch ein Vertrautheitswissen. Auch mussten die Bürokraten nur die bürokratische Ordnung der Institutionen ihres Heimatlandes kennen. Sie hatten das erforderliche Wissen, um die richtigen Formulare, Telefonnummern und Internetseiten zu finden sowie die nötigen Kontakte zur diplomatischen Vertretung ihres Heimatlandes aufzubauen. Die Netzwerkenden hingegen brauchten einen persönlichen Anschluss oder zumindest eine persönliche Verbindung für die beabsichtigte Rückkehr.

5.3. Die Ordnenden

Personen des Idealtyps der Ordnenden, der ebenfalls rekonstruiert werden konnte, sind weite Teile der alltäglichen Ordnung bereits durch die politischen Maßnahmen zur Eindämmung der COVID-19-Pandemie verunmöglicht worden. Sie erleben damit konkret eine existentielle Krise und können das weitere Wegbrechen von Teilen ihrer alltäglichen Ordnung auch nicht verhindern. Es lässt sich bei vielen sogar an konkreten Ereignissen wie dem Verlust der diplomatischen Hilfe (zum Beispiel ARDO-CO/P), einer Aufenthaltsberechtigung (wie bei MOHA-CO/P), einer Wohnung (bei PEXX-CO/P) oder einer Anstellung (beispielsweise bei CAKO-CO/P) festmachen. Personen dieses Idealtyps haben also weder die alltägliche Ordnung innerhalb ihrer aktuellen Reichweite, noch ist es ihnen derzeit möglich, diese Reichweite wiederherzustellen. Damit erleben Personen dieses Idealtyps eine existentielle Krise. Krisenhafte Erfahrungen können zur Annahme eines anomischen Zustands führen (Durkheim 1983 [1897]), wodurch eine Ordnungsstiftung unmöglich erscheint. Dies ist jedoch bei den Ordnenden nicht der Fall, da sie es schaffen, auf die eine oder andere Weise eine Ordnung (wieder-)herzustellen.

In den Interviews wird davon berichtet, dass zumeist auf eine bestimmte Art und Weise reagiert wurde: Die Auswärtigen haben versucht, Teile der ihnen in ihrer natürlichen Einstellung bekannten Ordnungszusammenhänge wiederherzustellen, um ihrem pragmatischen Motiv der Alltagsgestaltung wieder gerecht werden zu können. Die weggebrochenen Teile ihrer alltäglichen Ordnung werden nun insoweit bearbeitet, wie es dem spezifischen Subjekt derzeit als notwendig erscheint, um weiterhin alltäglich handeln und ein Denken-wie-üblich anwenden zu können. Auch eine gewisse Kontinuität und Normalität soll dadurch hergestellt werden. Für diesen Idealtyp konnten drei Variationen rekonstruiert werden: die Demonstrierenden, die Anpassenden sowie die Konvertiten.

5.3.1. Die Demonstrierenden

Personen des Idealtyps der Demonstrierenden nehmen Einschränkungen aufgrund der politischen Maßnahmen zur Eindämmung der COVID-19-Pandemie besonders schwerwiegend wahr. Diese Einschränkungen reichen soweit, dass die Personen davon ausgehen, ihren Alltag nicht so weiterführen zu können wie er bisher möglich und für die Zukunft geplant war. Deshalb versuchen sie in der gegebenen Situation eine Neuorientierung anzustreben und einen alternativen Handlungsentwurf umzusetzen, indem der Aufenthalt im Ausland abgebrochen wird. Von diesem Ziel lassen sie auch nicht ab: sie modifizieren also nicht ihre Interessens- und Relevanzstrukturen, um die soziale Ordnung für sich (wieder-)herzustellen, sondern versuchen, die objektiven Gegebenheiten zu ändern. Dies geschieht, indem sie versuchen auf diese Einfluss zu nehmen. Dadurch probieren sie unterstützend, ihr Gewohnheitswissen wieder in Teilen anwendbar zu machen, um durch den Versuch der Anpassung der objektiven Gegebenheiten eine Krise zu vermeiden. Diese Änderung von objektiven Gegebenheiten wird angestrebt, indem sie versuchen, vor allem die Regierungen oder andere politische Entscheidungsträger von ihren Vorstellungen zu überzeugen. Demnach sind Demonstrierende hauptsächlich Personen aus demokratischen Heimatstaaten, da in diesen eine Anregung der politischen Entscheidungsträger überhaupt möglich erscheint. Diese Aktivierung von politischen Maßnahmen erscheint ihnen dabei notwendig, da es ja auch politische Maßnahmen sind, die sie einschränken.

In einer solchen Situation befand sich auch CAKO-CO/P. Er war gerade mit ein paar Freunden von einer Wanderung im Ausland in eine bewohnte Gegend zurückgekehrt, als er von dem bevorstehenden Lockdown in seinem Aufenthaltsland erfuhr. Er wollte in der Folge in sein Heimatland ausreisen. Eine Schwierigkeit bestand aber weiterhin darin, dass die Regierung seines Heimatlands keine Rückholflüge für die Staatsangehörigen des Landes organisierte. Seine Freundesgruppe und er – alle aus der Medienbranche – nutzten jeden ihnen zur Verfügung stehenden Kontakt und versuchten, die mediale Aufmerksamkeit ihres Heimatlandes auf die Auswärtigen zu richten, die aufgrund der infrastrukturellen Einschränkungen in verschiedenen Ländern gestrandet waren. Diese Freundesgruppe und andere Personen aus seinem Heimatland koordinierten sich über die sozialen Medien, schrieben hochrangige Personen aus der Politik an, verfassten Petitionen, kontaktierten Fernseh- sowie Radiostationen und veröffentlichten Videos sowie Bilder im Internet. Sie erstellten eigenständig Listen mit anderen Staatsangehörigen ihres Heimatlandes, die noch irgendwo festsaßen, mit dem Ziel, die als zuständig betrachteten Personen ihres Heimatlandes dazu zu bewegen, Rückholflüge zu koordinieren. CAKO-CO/P scheint sowohl mit der Medienbranche selbst als auch mit dem Kontaktieren von Personen in Politik und Medienbranche sehr vertraut zu sein, was ihm diese Maßnahmen sowohl erleichterte als auch naheliegend erscheinen ließ. Darüber hinaus scheint ihm ein gewisser Bekanntheitsstatus in seinem Heimatland zusätzlich genutzt zu haben, um Gehör zu finden. Als Ergebnis dieser Aktionen veranlasste die Regierung des Heimatlandes von CAKO-CO/P die geforderte Rückholung. Im Interview ist die Frustration deutlich erkennbar, da er sich von seinem Heimatland dennoch im Stich gelassen fühlt:

„Aber selbst unsere eigenen Politiker haben sich zu nichts verpflichtet gefühlt und deshalb ärgert es mich, dass die Menschen herumposaunen: 'Nun, ihr wusstet, was passieren wird.' Nein! Wir wussten es nicht! [...] Es ist wirklich etwas, das vielen von uns das Gefühl gegeben hat, dass unsere Regierung sich nicht um uns kümmert und keinen Plan hat. [...] Es war einfach ein komplettes und totales Chaos. Und wenn man sich das anschaut, kann ich verstehen, dass die Dinge nicht optimal sind, um eine Organisation gut durchzuführen, aber andere Länder sind doch auch in der Lage, das zu schaffen. Warum sind wir es also nicht? [...] Wir bekamen keine richtige Kommunikation, also fingen wir an, uns zu organisieren." (CAKO-CO/P, 18.04.2020 – aus dem Englischen übersetzt)

Die erste Anlaufstelle für die meisten Auswärtigen nach dem Erleben der Krise, wie auch für CAKO-CO/P, war eine Organisation des Heimatlandes im Aufenthaltsland; zum Beispiel eine Botschaft oder ein Konsulat. Diese Institution wird von CAKO-CO/P im Interview regelrecht in die Pflicht genommen, ihm und den anderen Gestrandeten zu helfen. Aber die gesellschaftliche Sicherungsinstitution seines Heimatlandes, die er anvisiert, half ihm nicht.

Er erwartete jedoch von seinem Heimatland vor allem eine offene Kommunikation und die ihm notwendig erscheinende Hilfe bei der Ausreise. Als diese Erwartung jedoch nicht erfüllt zu werden scheint, entschließt er sich dazu, die Regierung seines Heimatlandes dazu zu bringen, diese doch noch zu erfüllen. Er nutzt dazu vor allem mediale Aufmerksamkeit, die er versucht auf seine Situation (und die von anderen in vergleichbarer Lage) zu richten, damit er diese objektive Gegebenheit der fehlenden Rückholflüge verändern kann und nicht seine eigenen Einstellungen ändern muss. Er schafft also Ordnung, indem er versucht, sie außerhalb von sich selbst und innerhalb der institutionellen Ordnung herzustellen. Er verwendet dazu eine ihm bestens bekannte Typik: mediale Aufmerksamkeit auf ein

Problem richten. Sein Expertenwissen innerhalb der Medienbranche scheint ihm dabei sehr von Vorteil zu sein.
Bei PEXX-CO/P gestaltete sich die Lage ähnlich: ihr Heimatstaat bot zwar Rückholflüge an, diese starteten jedoch aus einem anderen Teil ihres Aufenthaltslandes. Sie versucht deswegen, die Botschaftsmitarbeitenden zu überzeugen, eine Transportmöglichkeit für sie zu organisieren. Es war diesen jedoch nicht möglich, weshalb ihr eine Erlaubnis ausgestellt wurde, um die Sperren zwischen den Bundesstaaten zu überschreiten. Diese Erlaubnis wurde jedoch von den Militärs an der Grenze nicht akzeptiert, weshalb sie diese nicht übertreten konnte. Die Botschaft teilte ihr daraufhin mit, dass sie ihr nicht weiterhelfen könnten. Als PEXX-CO/P bemerkt, dass ihr Heimatland sie nicht weiter finanziell oder durch Abholung unterstützen wird, um wieder zurückreisen zu können, trifft sie die Entscheidung, eine lokale Gruppe in ihrem persönlichen Umfeld um Hilfe zu bitten, damit diese ihr die fehlende Möglichkeit des Grenzübertritts bereitstellen. Sie berichtet über ihr Vorgehen wie folgt:

> „So habe ich dann zu ihm gesagt: […] ‚Guck, dass deine Jungs hierherkommen.' […] Die haben es dann auch bewiesen, dass sie sich durchschlagen wollten. […] An Stadtgrenzen und an Bundesstaatsgrenzen sind ja richtige Sperren mit Militär, mit Polizei und einige haben halt einen Passierschein, dass sie durchkönnen, weil sie halt Nahrungsmittel für die Menschen bringen. Also die Jungs hatten halt auch einen Schein." (PEXX-CO/P, 27.04.2020)

Die Person, die versucht hatte sie zu unterstützen, blieb zunächst erfolglos. Daraufhin forderte sie ihn auf, seine „Jungs" – damit meinte sie eine Gruppe Männer, die der gleichen Religion angehörig sind wie der Mann – in ihren Transport einzuspannen. Diese Gruppe an Männern versuchte daraufhin auch, mit einem Passierschein für die Lebensmittelversorgung des Tempels die Straßenkontrollen zu übertreten, um sie auf dem Rückweg mitzunehmen.[25] Dadurch sah sie eine Möglichkeit für sich, zu einem der Rückholflüge zu kommen und versuchte somit ebenfalls, die objektiven Gegebenheiten zu verändern.

Andere Personen erbrachten vergleichbare Ordnungsleistungen: KIJO-CO/P berichtet, dass er immer wieder während seines Auslandssemesters Kontakt mit seiner Heimatuniversität aufnahm, bis diese ihm Unterstützung bei der Ausreise zusagte.[26] VAEB-CO/P hingegen berichtet davon, dass die Botschaftsmitarbeiter bei ihrem Rückholflug fast auf sich allein gestellt waren, da viele Flughafenmitarbeiter aus Angst vor einer Ansteckung nicht zu ihrem Dienst auftauchten. Dadurch war die Flughafenorganisation zusammengebrochen. Sie erzählt von diesem Erlebnis folgendermaßen:

> „Die Situation am Flughafen war echt die Hölle. Also die Leute waren alle da, aber es hat sich nichts wirklich voran bewegt. [...] Das Einzige, was war, dass es organisierter war und dann hat sich eben herausgestellt, dass die Touristen, die über Nacht dort am Flughafen geschlafen haben, sich ein System ausgedacht haben. Die haben dann eine Schlange aufgemacht mit diesen Abzäunungen, die man am Flughafen hat und haben – also jetzt keine Sicherheitsmaßnahmen, aber zumindest war es geordnet. Dann gab es eine offizielle Schlange und da hat man sich dann angestellt und hat dann einen Zettel bekommen. Mit dem Zettel konntest du dann zum Check-in und das hat dann auch funktioniert. [...] Es gab Leute, die über Nacht Bananen gekauft haben, die

[25] Dabei berichtet sie auch von körperlichen Auseinandersetzungen zwischen der Männergruppe und den Behörden. Zum Schutz der Anonymität der Interviewpartnerin wird nicht weiter auf die entstandene Situation während des Kontrollpostenübertritts eingegangen; es konnte aber durch Sichtung von zahlreichen Medienberichten nachverfolgt werden, dass eine solche Situation stattgefunden hat. Ob der Zusammenhang, der von der interviewten Frau dargelegt wurde, wirklich bestand, konnte nicht nachverfolgt werden, kann aber angenommen werden.

[26] Beim Kontakt mit dem International Office der Bergischen Universität Wuppertal im Rahmen der Förderung dieser Studie berichtete mir eine der Mitarbeiterinnen auch von ihrer eigenen Unterstützung von ausreisewilligen Auslandsstudierenden.

> dann zum Flughafen gegangen sind und Bananen und Brot verteilt haben; selber Touristen auch wieder." (VAEB-CO/P, 24.03.2020).

Aus der Gruppe der Ausreisewilligen übernahmen ihrer Aussage nach einzelne Personen die Organisation am Flughafen anstelle des teilweise nicht einmal erschienen Flughafenpersonals: Einige stellten Tische auf und verteilten Unterlagen, andere unterstützten beim Ausfüllen der Formblätter. Sie zeigte weiterhin auf, dass es zunächst Chaos am Flughafen gegeben habe, welches sich auflöste, nachdem die Reisenden, die die Nacht am Flughafen verbracht hatten, die Organisation übernommen hatten. Die Reisenden organisierten einen Ablauf für die formalen Vorgänge, kümmerten sich zusätzlich um körperliche Bedürfnisse, indem sie in der nächsten Stadt Lebensmittel kauften, welche sie unter den Wartenden verteilten. HEOV-CO/P berichtet sogar, dass einige Reisende in der Flughafenhalle inmitten der Wartenden musizierten, um eine positive Stimmung aufrechtzuerhalten. Er half ebenfalls dabei, die Wartenden am Flughafen nach Reisezielen zu gruppieren, damit die noch anwesenden Flughafenmitarbeitenden die Passagierlisten erstellen konnten. Auch GEGO-CO/P berichtete ähnliches: an der Grenze zu ihrem Heimatland, die sie gemeinsam mit ihrem Vater mit dem Auto überfahren wollte, beschrieb sie die Zustände als „chaotisch" (GEGO-CO/P, 29.03.2020 – aus dem Englischen übersetzt): Zunächst weigerte sie sich, unter den Umständen die Forderungen zur Einreise zu erfüllen und verbrachte sechs Stunden an der Grenze, bis sie mit einer Gruppe die Situation vor Ort beruhigt und soweit geordnet hatte, dass alle den geforderten Maßnahmen zur Pandemieeindämmung zumindest insoweit nachkamen, dass eine geordnete Abfertigung der Einreisenden ihrer Meinung nach möglich und sicher genug war. Vor Ort musste sie zusätzlich einen Gesundheitscheck machen: Sie wurde nach Symptomen befragt und es wurde Fieber gemessen. Einen negativen COVID-19-Test musste sie für die Einreise nicht vorweisen.[27]

Was die Menschen in dieser sie belastenden Situation vereinte, obwohl sie aus unterschiedlichsten Kulturkreisen kamen und sich in den verschiedensten Ländern der Welt aufhielten: Sie schufen Ordnung. Es gab keine revolutionäre Ersetzung einer bestehenden Ordnung und es ist keine neue, nie dagewesene Ordnung entstanden, sondern es wurde nur die bestehende Ordnung – oder zumindest nahmen die Menschen an, dass diese bestehen würde – wiederhergestellt. Die Subjekte orientierten sich also auch hier nicht komplett neu. Es wurde dabei vor allem Ordnung in Bezug auf Natürlichkeitsannahmen hergestellt. Aus diesem Bezug antizipierten die Menschen, dass eine Ordnung vor Ort bestehen würde, die von ihnen durch ihre Handlungen unterstützt wurde. Es wurde also nicht versucht herauszufinden, wie die Ordnung normalerweise an dem bestimmten Ort gestiftet wird und abläuft. Stattdessen wurde eine Ordnung hergestellt, die das eigene Handeln, wie es den jeweiligen gewohnheitsmäßig bekannt ist, ermöglicht. Ein gewisser Zweifel dabei ist zwar geäußert worden, aber dieser galt nicht der Ordnung beziehungsweise der gesellschaftlichen Sicherungsinstitution per se, sondern der praktischen Umsetzung. Damit zeigen die Demonstrierenden, dass sie ein umfangreiches Wissen über bürokratische Vorhänge und Organisationsformen von institutionalisierten (An)Ordnungen (Löw 2002) am Flughafen besitzen, welche nicht lokal beschränkt sind, sondern eine Art globales Wissen darzustellen scheinen. Dies wird zwar lokal unterschiedlich interpretiert, nie aber werden die internationalen Konventionen und Regelmäßigkeiten dahingehend in Frage

[27] Dies erinnerte mich stark an meine eigenen „Coronatests" in Nepal: dort wurde ich nach Symptomen befragt, es wurde Fieber gemessen und danach wurde ich für coronafrei erklärt. Die Daten wurden handschriftlich in ein großes Buch übertragen; den Eintrag musste ich anschließend unterschreiben. Einige Interviewte, meist die, die zunächst nicht ausreisen konnten, erzählten jedoch von der Notwendigkeit, bei Flugantritt in ihr Heimatland eine negative PCR-Testung in Bezug auf COVID-19 vorweisen zu müssen, die nicht älter als 48 Stunden ist. Auch wurde berichtet, dass es möglich war, Mitarbeitende der Testcenter zu bestechen, um ein schnelleres oder gar negatives Testergebnis zu erhalten.

gestellt. So geht auch VAEB-CO/P davon aus, dass es an dem speziellen Flughafen eine Sicherheitskontrolle zu geben habe und sucht in den ordnungsstiftenden Maßnahmen ihrer Mitreisenden nach etwas Vergleichbarem zu diesem Konzept.
Mit diesem Wissen war es den Demonstrierenden möglich, die objektiven Gegebenheiten so zu modifizieren, dass sie wieder im passenden Verhältnis zu ihren Handlungsentwürfen stehen. Dies wird ihnen auch dadurch erleichtert, dass ihr Handlungsentwurf ähnlich zu denen der anderen Reisenden am Flughafen zu sein scheint, wovon sie zusätzlich aufgrund der Reziprozitätsannahme ausgehen. Das Subjekt wird also in diesem institutionalisierten Arrangement als typisch wahrgenommen und unterstellt ebenso (reziprok) diese Typisierung bei den ihn umgebenden Subjekten. Dieser wahrgenommene Konsens der Handlungsentwürfe und der Sinnzusammenhänge ermöglichte es den Demonstrierenden, einen gemeinsamen Einfluss auf die objektiven Gegebenheiten zu nehmen und so die soziale Ordnung als Besuchende (wieder-)herzustellen – verbunden mit dem Plan, die Reichweite zum eigenen Alltag zu erlangen, um dort die bedrohte Ordnung im möglichen Maße stützen zu können. Damit ist es den Demonstrierenden möglich, einen Zustand von Anomie zu vermeiden. Dieser Zustand steht im Gegensatz zu den Annahmen von Caduff (2018), der apokalyptisch anmutende Voraussagen trifft, in denen er darstellt, dass die Menschen, die nicht auf eine bevorstehende Pandemie vorbereitet sind, in einer solchen anomischen Situation verbleiben werden. Insgesamt erscheinen die Subjekte dieser Variation – auch im Vergleich zu den Annahmen von Caduff – somit als äußerst fähige Ordnungsstiftende.

5.3.2. Die Anpassenden

Bei der anderen Variation der Ordnenden, den Anpassenden, wird eine Ordnung auf andere Weise (wieder-)hergestellt: die Subjekte verändern ihren subjektiven Sinngehalt insoweit, wie es für sie notwendig erscheint, um mit den neuen objektiven Gegebenheiten umgehen zu können. Auch

sie verfallen nicht einer Anomie, sondern suchen sich im Ausland beziehungsweise ihrem Aufenthaltsland neue Aufgaben oder Möglichkeiten, um den Tag für sie sinnvoll zu gestalten. Dazu verschieben sie ihren Plan, das Land zu verlassen, zeitlich nach hinten. Sie arrangieren sich also mit der situativen Einschränkung ihrer Freizügigkeit und finden eine Möglichkeit des Umgangs damit. Auch führen sie weiterhin ein Leben als Besuchende. Das Einzige, was sich für sie verändert, ist die Verlagerung des Zeitpunktes der Abreise nach hinten. Die Tragweite dessen darf dabei nicht unterschätzt werden: daran können beispielsweise berufliche und persönliche Entwicklungen hängen, aber auch große finanzielle Einbußen. Der Zeitpunkt wird also verschoben und von den politischen Entwicklungen im Aufenthalts-, Heimat- sowie möglicherweise einem Drittstaat abhängig gemacht. Der Routinebruch führt bei den Anpassenden dazu, dass sie ihr Gewohnheitswissen für den Moment insofern modifizieren, wie es notwendig erscheint und sich zudem selbst die Gewissheit auferlegen, dass nach Ablauf der unbekannten Zeitspanne eine Kontinuität und Konstanz des Wissens wieder angenommen werden kann.
PEXX-CO/P macht im Interview klar, dass sie sehr enttäuscht vom Kontakt mit den Institutionen ihres Heimatlandes ist, als es darum ging, dass diese ihr bei der Ausreise helfen sollten und berichtet detailliert den Ablauf der Kontakte mit der örtlichen diplomatischen Vertretung:

> „Der Herr [von der Botschaft] war erst sehr freundlich und sagte: ‚Wir tun alles. Da wird es jetzt Flüge geben und es kann alles sehr kurzfristig sein. Haben Sie ihre Koffer gepackt, sind sie startklar [...] Hab versucht zu erklären über Google-Übersetzung, dass ich einen Fahrer brauche, der halt in Bereitschaftsdienst ist, wenn die Botschaft mich anruft. [Mann, der ihr hilft] kennt viele Leute. Er hat schon zehn Leute angerufen, aber die haben gesagt: ‚Nein, wir fahren nicht.‘ [...] Hab wieder bei der Botschaft angerufen und hab gesagt: ‚Ist ja schön und gut, dass ich einen Flug hab, aber ich komm hier nicht raus. Da haben

> sie mir einen Passierschein geschrieben. […] Aber wer fährt mich nach [Hauptstadt]? Also ich hab einfach niemanden gefunden, der mich fährt. […] Dann hab ich wieder angerufen in der Botschaft und die haben mir ganz klar signalisiert, es würden keine weiteren Flüge mehr geben. […] Es hilft mir keiner in [Heimatland]. […] In der Zeitung stand wohl, dass es vereinfachte Anträge [für finanzielle Unterstützung] gibt. Auch für die Leute, die im Ausland festsitzen. Also hat mir mein Sohn so ein Onlineformular geschickt, auf dem ich halt auch unterschreiben kann. […] Dann kam eine Woche später dann zurück: ‚Ja, Sie sitzen im Ausland, wir können Ihnen kein Geld geben.' […] Ich bin ja jetzt schon viele Jahre immer wieder in [Aufenthaltsland], aber ich hab mich nie mit dem Land so, ich bin nie in die Familie oder in das Sozialgeflecht da reingegangen. […] Hab mich nie auf die Gesellschaft irgendwie eingelassen, oder die Sprachen gelernt, ne? Wollt mit der Gesellschaft so nicht zu tun haben, ne?" (PEXX-CO/P, 27.04.2020)

PEXX-CO/P äußert deutlich ihre Enttäuschung darüber, dass die ihrer Meinung nach für sie zuständige Botschaft ihr nicht für sie ausreichend half. Sie berichtet, wie sie zwar versucht, auszureisen, sie aber nicht bei der Problematik, dass sie sich nicht in der Landeshauptstadt befand, insofern unterstützt wurde, dass sie auch wirklich dorthin gelangen konnte. So hatte sie selbst versucht, in die Landeshauptstadt zu reisen und auch mithilfe des Online-Übersetzungsprogramms „Google Translate" vermitteln wollen, dass ihr vor Ort jemand eine Person, die sie fahren kann, organisiert; dies war ihr jedoch nicht gelungen. Sie erhielt zwar einen Passierschein von der Botschaft, dieser wurde jedoch von der lokalen Polizeibehörde nicht immer akzeptiert und die potenziellen Fahrdienste hatten zu große Angst, sie zum Flughafen zu fahren. Des Weiteren wird auch ihre Verzweiflung darüber deutlich, dass sie sich von ihrem Land im Stich gelassen fühlte. Später wird diese Verzweiflung sogar zu Wut. Im Verlauf des Interviews zeigt sie noch mehr von ihrer momentanen Hoffnungslosigkeit in Bezug auf ihre Ausreise und berichtet: „Mein Gefühl sagt mir: vor dem Sommer werde ich hier nicht rauskommen“ (PEXX-CO/P, 27.04.2020). Sie hat damit also anerkannt, dass sie derzeit nicht in ihr Heimatland fliegen kann und arrangiert sich nun damit.[28] Auch ein Antrag auf finanzielle Unterstützung, der eigentlich von Menschen, die wie sie im Ausland festsitzen, gestellt werden konnte, verlief ergebnislos. Sie berichtet aber auch, dass sie schon viele Jahre immer wieder in das Aufenthaltsland eingereist war, aber dabei immer als Besuchende verblieb. Sie hat sich also – da sie es nicht als notwendig erachtete – nicht der Lokalbevölkerung angenähert, nicht dem „Sozialgeflecht“ vor Ort angeschlossen, die lokalen Sprachen nicht erlernt und nur auf Englisch beziehungsweise mit Hilfe von digitalen Übersetzern beziehungsweise rudimentären Sprachkenntnissen kommuniziert. Dabei grenzte sie sich bewusst immer wieder von der lokalen Bevölkerung ab und plante stets, den Ort nach Ablauf der geplanten Zeitspanne wieder zu verlassen. Sie nutzt zwar die religiösen Gebäude und andere Gegebenheiten für die Ausübung der Religion, wendete sich aber nicht der lokalen Gruppe der Religionsausübenden zu. Als sie bemerkte, dass alle Rückholflüge abgehoben waren, entschloss sie sich dazu, abzuwarten. Sie plant weiterhin, das Land zu verlassen und in ihr altes Leben soweit möglich zurückzukehren. Bis dahin verbleibt sie jedoch in ihrem Aufenthaltsland und versucht, einen Flug zu erreichen, wenn es ihr ermöglicht wird.

Damit ist zu sehen, dass PEXX-CO/P ihr Gewohnheitswissen nicht aufgibt, sondern nur ihre Relevanzen für den Moment so verschiebt, dass sie durch die Anpassung ihres subjektiven Sinngehalts einen Umgang mit den faktischen Gegebenheiten findet. Dieser besteht darin, dass sie für den Moment als Besuchende verbleibt und sich auch weiterhin in diesem speziellen Hinwendungsmodus befinden möchte. Sobald es ihr wieder mög-

[28] Bei späteren Kontakten berichtet sie, dass sie erst Ende August in ihr Heimatland hat fliegen können.

lich ist auszureisen, plant sie auch, dies zu tun. Damit erreicht sie, dass der zurückgelassene Alltag in einer Art erlangbarer Reichweite verbleibt, auch wenn sie von äußeren Faktoren in Bezug auf die Rückkehr abhängig ist. Auf diese Weise werden eine gewisse Normalität sowie soziale Ordnung wiederhergestellt, die für die jeweiligen Personen annehmbar erscheint.
Diese Anpassung des subjektiven Sinngehalts an die objektiven Gegebenheiten zeigt sich auch bei LEWA-CO/P. Zum Verständnis des Interviewextraktes ist es notwendig zu wissen, dass sich die kulturellen Gegebenheiten, die angesprochen werden, stark von der Bedeutung der deutschen Wörter unterscheidet. Wenn die Interviewpartnerin beispielsweise von Familie spricht, ist damit gemeint, dass sie eine enge freundschaftliche Verbindung zu einer bestimmten Person oder Menschengruppe innehat, weshalb die angesprochenen Brüder auch als enge Freunde verstanden werden sollten.[29] Bei ihr gibt es darüber hinaus die Besonderheit, dass sie dauerhaft in einem dritten Land lebt, also weder in ihrem Aufenthaltsland noch in dem Land, dessen Staatsangehörigkeit sie innehat. Diese besondere Konstellation führte zu Ausreiseschwierigkeiten. So berichtet sie:

> „Vielleicht ist das ein guter Zeitpunkt, um hier zu bleiben und, dass ich nicht raus kann, weil ich mich hier im Moment auch relativ sicher fühle. [...] Ich habe eine Art Familie, und mein einer Bruder hat [Stadt] bereits verlassen, zwei andere Brüder sind hier, aber ich kann sie nicht treffen. [...] Schließlich wollte ich den letzten Flug zurück nach [Land, in dem sie lebt] nehmen, aber ich konnte nicht, weil die [nationale] Regierung Auflagen für Nicht-Staatsbürger eingeführt hat. [...] Ich ging zur Botschaft und sie waren sehr hilfsbereit, sagten aber: ‚Es tut uns leid, wir können Ihnen nicht helfen.‘ [...] Ich kann [Aufent-

[29] Auf diese kulturell geprägte Verwendung bin ich auch während meines Aufenthaltes in Nepal gestoßen. So wurde ich von Personen, mit denen ich mich angefreundet habe und die jünger waren, teilweise mit Didi angesprochen, Ältere nannten mich Bahini. Beide Vokabeln sind Bezeichnungen für jüngere beziehungsweise ältere Schwestern und haben keine exakten deutschen Entsprechungen.

haltsland] nicht verlassen, weil der Flughafen hier heute geschlossen worden ist, gleichzeitig kann ich nicht nach [Land, in dem sie lebt] zurückkehren. [...] Vor den Ausgangssperren gingen einer meiner Brüder und ich raus und interviewten Leute, machten Fotos von ihnen und sprachen mit ihnen über ihr Leben. [...] Dann während der Sperren hat sich die Idee in meinem eigenen Kopf verändert. [...] Ich fotografiere also von meinem Standort aus auf dem Dach und wir gehen jeden Morgen raus, ungefähr eine halbe Stunde lang. [...] Ich versuche also, meine eigene Geschichte mit der der Menschen vor Ort und der Situation in [Aufenthaltsland] in den Fotos zu verweben. Schauen wir also, wie sich das entwickelt." (LEWA-CO/P, 26.03.2020 – aus dem Englischen übersetzt)

Zwar berichtet LEWA-CO/P, dass sie versucht hatte, auszureisen und in das Land zu kommen, in welchem sie eigentlich lebt, dies war ihr jedoch aufgrund einiger politischer Regelungen nicht möglich. Der Kontakt mit der Botschaft des Landes verblieb ebenso ergebnislos. Ein Angebot zur Ausreise in ihr Herkunftsland nahm sie jedoch ebenfalls nicht in Anspruch. Mit dieser Situation hat sie sich nun auch abgefunden und sich dazu entschieden, das Projekt, an dem sie gerade als Fotografin und Chronistin arbeitet, der gegebenen Situation anzupassen: Sie fokussiert sich nun nicht mehr auf die lokalen Menschen allgemein, sondern auf ihren eigenen Standpunkt, um ihre Erlebnisse während der Ausgangssperren mit denen der Menschen vor Ort zu verweben. Dies unternimmt sie – soweit möglich – mit der Hilfe eines engen Freundes. Diese künstlerische Ambition gestaltet sich jedoch anders als eine Annäherung an die lokale Bevölkerung: sie versucht zwar, durch ihre Fotografien ihre Erlebnisse vor Ort festzuhalten, verlässt dabei jedoch nicht die Position einer außenstehenden Beobachterin. Stattdessen zeigen die Fotografien, die sie anfertigt und von denen sie einige nach dem Interview zu Forschungszwecken der interviewenden Person zugesandt hat, beispielsweise maskierte Personen hinter Absperrungen oder schlafende Obdachlose in der Ferne. Dabei fokussiert sie sich nun also weniger – wie ursprünglich geplant – auf die Geschichten individueller Personen der Lokalbevölkerung, sondern auf die Distanz zwischen ihr und diesen.

LEWA-CO/P verbleibt somit auch weiterhin als Besuchende. Die Anpassung ihres subjektiven Sinnverstehens an die objektiven Gegebenheiten zeigt sich unter anderem in der Anpassung ihres Projekts an die neue Situation. Dabei verbleibt sie jedoch weiterhin bei dem Plan auszureisen, wenn es ihr möglich ist. Ihrem Handeln gibt sie wieder einen Sinn, indem sie sich eine neue Aufgabe sucht, die zu den äußeren Umständen passt. Bei einem späteren Kontakt hat sie ihre Tätigkeiten noch weiter ausgebaut: mittlerweile hat sie eine kleine, lokale Hilfsorganisation gegründet, mit der sie bedürftige Familien in ihrem Umkreis mit Lebensmitteln versorgt, welche durch Spenden finanziert werden.

Die Anpassenden schaffen also etwas Besonderes: sie gehen nicht die äußeren Umstände an und wollen diese verändern, sondern passen sich der veränderten Situation innerhalb ihrer subjektiven Sinngebung an. Dabei verbleiben sie weiterhin im Hinwendungsmodus von Besuchenden. Sie behalten sich stets vor, zu ihrem zurückgelassenen Alltag zurückzukehren, sobald es ihnen möglich ist und sicher erscheint. Dazu stabilisieren sie ihren zurückgelassenen Alltag und ihren eigenen Status als Besuchende dadurch, dass sie ihre Rückkehr auf einen ungewissen Zeitpunkt in die Zukunft verschieben und passen zusätzlich ihren eigenen subjektiven Sinn in Bezug auf die objektiven Gegebenheiten an. Sie bauen sich damit ein temporäres Leben als Besuchende mit einer zeitlichen Begrenzung über die politischen Maßnahmen zur Eindämmung der COVID-19-Pandemie auf und verzweifeln nicht daran, unbedingt in ihren zurückgelassenen Alltag zurückkommen zu wollen. Einige scheinen sogar noch weiter zu gehen und machen ihre Entscheidungen zur Aufenthaltslänge nicht an den verhängten politischen Maßnahmen, sondern an ihrer persönlichen Einschätzung der Virusausbreitung fest. So entscheidet sich beispielsweise LIKN-

CO/P dazu, erst dann zurückzukehren, wenn ein Impfstoff gegen COVID-19 entwickelt wurde und sie diesen erhalten hat. EKHA-CO/P möchte in einen Drittstaat ausreisen, in dem er sich sicherer fühlt und dann weiterreisen, wenn er dies für angebracht hält.

5.3.3. Die Konvertiten

Personen der Variation der Konvertiten gehen mit dem Routinebruch um, indem sie ihre Erlebnisse in den Verweisungszusammenhang einer anderen Sinnwelt setzen und die Ereignisse dadurch mit einem neuen Erkenntnisstil wahrnehmen. Dadurch haben die Konvertiten die Möglichkeit, einen Umgang mit dem Erlebten zu finden. Eine solche Matrix gesellschaftlicher Sinnhaftigkeit (Berger/Luckmann 2016 [1969]) kann nur dann angenommen werden, wenn das Subjekt bereits dahingehend sozialisiert ist, beziehungsweise sich dahingehend im Verlauf sozialisiert. So ist bei der Sinnwelt religiöser Erfahrung ein Bezug zu einer Religion erforderlich, ebenso wie fachliche Vorkenntnisse beim Bezug auf die Sinnwelt der Wissenschaft.

Dies war auch bei unseren eigenen Erfahrungen zu beobachten. Nachdem uns durch die politischen Maßnahmen zur Eindämmung der COVID-19-Pandemie die Möglichkeit genommen wurde, die geplante Studie in Nepal durchzuführen, entschieden meine Kollegen und ich uns dazu, unsere Erlebnisse in Bezug auf das eigene Gestrandetsein zu erforschen. Dazu nutzten wir unsere exponierte Lage, um ein passendes Studiendesign zu entwickeln und führten Recherchen sowie Gespräche nun innerhalb der Sinnwelt der Wissenschaft aus. Unsere Erlebnisse wurden dadurch von uns in eine neue symbolische Sinnwelt gestellt, in der sie mit einer Sinnhaftigkeit versehen werden konnten. Dies ermöglichte uns einen erleichterten Umgang mit den objektiven Gegebenheiten.

Ähnliches ist auch bei PEXX-CO/P im weiteren Verlauf ihrer Schilderung der Ereignisse zu sehen. Sie berichtet, dass sie sich der Gruppe der lokalen Religionsausübenden immer stärker zugewendet hat und sie deren religiösen Regeln mittlerweile streng folgt. Sie zeigt dabei auf, dass sie nun ihren gesamten Tagesablauf der Religionsausübung unterwirft:

> „Ich folge einfach den Regeln, die mir als [spezifische Bezeichnung für eine Personengruppe ihrer Religionsgemeinschaft] auferlegt sind. Diese Lebensregeln schreiben die Form der Kleidung vor, […] wie wir zu essen haben, wann wir aufzustehen haben, wann wir uns zu waschen haben. Und so oft, wie wir uns die Hände waschen – wir können gar keinen Virus mehr haben. […] Also es ist wirklich alles [in der heiligen Schrift] geschrieben. Also wir haben hier so einen Baum, da brichst du dir dein Stück ab, dann wird damit die Zähne geputzt. […] Ich steh nachts um drei Uhr auf, geh hier an den Wasserhahn und mach meine Waschrituale, meditier dann, lese die Schrift und meditiere wieder bis zum Sonnenaufgang." (PEXX-CO/P, 27.04.2020)

PEXX-CO/P nutzt einen sehr spezifischen Begriff für sich, der sie als eingeweihtes und besonders wertgeschätztes Mitglied einer Gruppe innerhalb der Religionsgemeinschaft auszeichnet. Durch diese Zuordnung erschien es ihr notwendig, sich den aufgrund ihres Status zugewiesenen Lebensregeln der Religion zu beugen und nach diesen zu leben. Diese Regeln bestimmten nun viele Teilbereiche ihrer Lebensführung: im Interviewauszug sind ein paar Beispiele zu finden, wie die Regelungen zur Zahnhygiene sowie die Vorgaben für die ersten Stunden nach dem Zeitpunkt, an dem PEXX-CO/P aufsteht. Im weiteren Verlauf des Interviews berichtet sie noch vom weiteren Tagesablauf, worauf hier nicht im Detail eingegangen werden soll. Dadurch, dass sie nun ihren Alltag stark durch diese Regeln bestimmten lässt, apperzipiert sie die Ereignisse in einem anderen Blickwinkel. Es führt zur Veränderung ihrer Sichtweise auf COVID-19: sie geht nun davon aus, nicht an dem Virus erkranken zu werden, da sie durch die regelmäßigen rituellen Waschungen genug Hygienemaßnahmen vornimmt und die Ansteckungsgefahr in der abgeschotteten religiösen

Gruppe gemindert wird. Bei einem späteren Kontakt geht sie sogar noch etwas weiter: nun sieht sie die Ereignisse als Fügung des Schicksals an. Sie zeigt auf, dass sie nun den Mann, der ihr zuvor geholfen hat, geheiratet hat und sie nun plant – nach einer kurzen Rückkehr in ihr Heimatland – dauerhaft auszuwandern, denn sie hat mittlerweile einen hohen Status in der religiösen Gruppe erreicht.

Durch den Wechsel in die symbolische Sinnwelt religiöser Erfahrung wird es PEXX-CO/P möglich, dass ihr das Erleben und die objektiven Gegebenheiten wieder verständlich werden: für sie ist die Pandemie nun eine religiöse Fügung, die sie ihrem Glauben nähergebracht hat. Sie sieht die Geschehnisse als Zeichen, ihrem Leben einen neuen Sinn zu geben. Durch die Interpretation der Ereignisse aus dem der Religion zugehörigen Denken-wie-üblich schafft sie es, für sich eine soziale Ordnung zu schaffen. Diese Ordnung beinhaltet für sie auch die Übernahme des stark strukturierten Alltags, in welchem sie sich Gewissheiten aufbauen kann. Sie stellt sich der veränderten Situation, indem sie die Welt in aktueller Reichweite nun zu der erklärt, für die ihr weiteres Leben aufgrund einer schicksalhaften Fügung vorbestimmt ist. Dadurch kann sie sogar den Routinebruch für sich persönlich und ihre Situation erklären, da er ein wichtiger Baustein war, um sie auf den Pfad ihrer Erleuchtung zu führen. Somit verändert sie ihren subjektiven Sinn aufgrund der objektiven Gegebenheiten, da sie diese nun in einem anderen Licht betrachtet. Sie nimmt also einen anderen Erkenntnis- und Erlebnisstil an, indem sie sich den Gegebenheiten mit den Themen der symbolischen Sinnwelt zuwendet und sie dadurch in einen religiösen Verweisungszusammenhang stellt.

Die Konvertiten ändern vor allem eines: ihre Sichtweise auf die objektiven Gegebenheiten durch den Wechsel in eine neue Sinnwelt. Die Änderung der Weltbeziehung, der lebensweltlichen Gewissheiten und Verweisungszusammenhänge führt bei ihnen dazu, dass sie eine Ordnung herstellen, in der das Erlebte sinnhaft wird. Das „Konvertieren“ bezieht sich dabei nicht ausschließlich auf eine religiöse Weltsicht, sondern vielmehr auf die Apperzeption der Gesamtsituation und damit auch der Glaubenssätze, die im bisherigen Alltag die Kontingenz der jeweiligen fraglos gegebenen Weltwirklichkeit bewahrt. Dies ist bei ARDO-CO/P zum Beispiel dadurch gegeben, dass er Erklärungstheorien für die Ausbreitung der COVID-19-Pandemie anwendet, die gemeinhin als Verschwörungshypothesen verstanden werden. Dabei stellt er die Hypothese auf, dass der Gründer der Softwarefirma Microsoft, Bill Gates, den Virus in die Welt gesetzt hätte, um eine Pflichtimpfung zu legitimieren, die es ihm erlauben würde, alle Menschen durch implantierte Microchips zu kontrollieren. Durch diese hat ARDO-CO/P die Möglichkeit, eine Wirklichkeit zu konstruieren, die ihm seine Lebenswelt innerhalb einer natürlichen Einstellung für ihn ermöglicht. Durch den Sprung in die neue Sinnwelt ist es den Konvertiten wieder möglich, ihre Wirklichkeit aus diesem Erlebnis- beziehungsweise Erkenntnisstil heraus sinnhaft auszulegen. Dadurch stellen sie Stabilität und Ordnung her, die auch mit einer Konstanzannahme verbunden werden können.

5.3.4. Gegenüberstellung der Variationen der Ordnenden

Personen des Idealtyps der Ordnenden sehen es für sich als notwendig an, etwas entweder auf der Ebene des subjektiven Sinngehalts oder der objektiven Gegebenheiten zu verändern beziehungsweise eine sinnweltliche Verhältnisoperation vorzunehmen. Die Herausforderung, die Ordnung (wieder-)herzustellen ist dabei das, was die Ordnenden verbindet. Personen der Variation der Demonstrierenden fokussieren sich dabei auf die objektiven Gegebenheiten, die sie durch eine Aktivierung von Institutionen wieder ihrem subjektiven Sinnverständnis anpassen wollen. Sie versuchen die Zeit, die sie bis zur Ausreise warten müssen, zu verkürzen, indem sie sich eine Ausreisemöglichkeit organisieren (lassen). Die Anpassenden gehen den genau umgekehrten Weg und passen sich den objektiven Gegebenheiten durch die Adaption des subjektiven Sinnverständnisses an. Sie kommen mit dem zu wartenden Zeitraum zurecht, indem sie für sich eine

Möglichkeit finden, diesen Zeitraum zu füllen. Bei der Variation der Konvertiten hingegen wechseln die Personen die Sinnwelt, innerhalb welcher sie die objektiven Gegebenheiten betrachten und schaffen es auf diese Weise, für sich eine Möglichkeit zu finden, dass diese sinnvoll in ihr Bezugssystem integriert werden können. Die innere Zeit, die an die äußere Zeit durch das Warten angepasst werden muss, wird dadurch mit einem neuen Sinn versehen. Die Variationen haben die Gemeinsamkeit, dass mit ihnen auf eine bestimmte Art versucht wird, eine soziale Ordnung (wieder-)herzustellen und somit einen anomischen Zustand zu vermeiden. Sie basieren dabei ihre Überlegungen beziehungsweise Umorientierungen auf ihre jeweilige natürliche Einstellung, um nach der gelungenen Etablierung mit einem pragmatischen Motiv den Alltag gestalten zu können und weiterhin handlungsfähig zu bleiben. Sie stellen dies jedoch nicht in einen größeren Sinnzusammenhang, sondern versuchen nur, eine derzeitige Situation ertragbar zu machen. Wenn soziale Ordnung also als das Verhältnis von subjektiver Sinnsetzung und objektiven Gegebenheiten verstanden wird, schaffen es insbesondere Personen des Idealtyps der Ordnenden, soziale Ordnung wiederherzustellen.

Versteht man das Warten im Sinne von Andreas Göttlich als „das simultane Dasein in den Relevanzen zweier Handlungsverläufe, verursacht durch die erzwungene Unterbrechung eines anfänglichen Bewusstseinsstromes" (2018: 289), so befinden sich die Ordnenden stets in zwei Handlungsverläufen, die durch eine erzwungene Unterbrechung hervorgerufen wurden. Einerseits befinden sie sich in dem Bewusstseinsstrom, aus- oder weiterreisen zu wollen; andererseits auch in dem, eine alltägliche Ordnung bis zur Ausreise aufrechtzuerhalten. Eine Anpassung von der inneren Zeit an die äußere Zeit wird somit durch jede der drei Variationen vorgenommen. Dabei ist es jedoch möglich, dass sie das Warten als Teil ihres Handlungsentwurfes bereits trotz einer Unsicherheit der Länge in diesen eingepflegt haben, wie es Krampe et al. (2021) konzeptuell vorschlagen. In jedem Fall ist es ihnen aber gelungen, eine Ordnung für sich zu etablieren und damit in der empfundenen Krise handlungsfähig zu bleiben.

5.4. Fazit des empirischen Teils

Mithilfe des empirischen Materials konnten in dieser Studie drei Idealtypen rekonstruiert werden. In jedem dieser drei Idealtypen versuchen die Personen, auf eine bestimmte Art und Weise trotz der sie umgebenden Unsicherheit eine gewisse Form von Normalität oder Ordnung zu stiften. Dadurch erreichen sie es, auch im Angesicht der COVID-19-Pandemie handlungsfähig zu bleiben.

Personen des ersten Idealtyps, den Kosmopoliten, gelingt es zügig, Ordnung (wieder-)herzustellen. Dabei schaffen sie es nach dem Routinebruch die eigene Handlungsfähigkeit wiederzuerlangen, indem sie für sich in der Welt in aktueller Reichweite einen für sie möglichen Alltag etablieren, der erstens an die Krise angepasst ist und zweitens den eventuell zurückgelassenen Alltag im Heimatland insofern stabilisiert, dass dieser ihnen nicht gefährdet erscheint. Die Variationen dieses Idealtyps zeigen dabei an, ob der lokale Alltag im Ausland aus einer Reise per se besteht oder ob ein mehr oder weniger fester Wohnsitz angenommen wurde. Somit stiften sie für sich selbst im Ausland eine alltägliche Ordnung und verbleiben weiterhin als Besuchende. Dies gelingt Personen des zweiten Idealtyps, den Rückkehrenden, nicht. Für sie erscheint es daher notwendig, ihren aktuellen Alltag als Besuchende zu verlassen und zum zurückgelassenen und bewahrten Alltag zurückzukehren. Dabei beziehen sie sich auf bestimmte gesellschaftliche Sicherungsinstitutionen (staatliche Strukturen beziehungsweise persönliches Netzwerk), die in den jeweiligen Variationen unterschieden werden. Davon lassen sich Personen unterscheiden, die in dieser Studie dem dritten Idealtyp, den Ordnenden, zugeordnet wurden: sie schaffen es weder – wie die Kosmopoliten – einfach im aktuellen Alltag zu verbleiben, noch – wie die Rückkehrenden – in den zurückgelassenen Alltag zurückzukehren. Aus diesem Grund entscheiden sie sich, die aktuelle Situation auf eine bestimmte Art und Weise als vorübergehend und sinnhaft zu betrachten. So gelingt es ihnen auch ohne den Rückgriff auf die genaue zeitliche Befristung ihres Aufenthaltes weiterhin im Hinwendungsmodus der Besuchenden zu verbleiben. Personen dieses Idealtyps verschieben ihre Aus- oder Weiterreise um einen unbekannten Zeitraum, wobei sie es in der Zwischenzeit erreichen, die innere und die äußere Zeit in Einklang zu bringen. Wie sie dies genau schaffen, wird in den Variationen differenziert.

Zusammenfassend lässt sich also sagen, dass die Auswärtigen einem Routinebruch und einer Krisenhaftigkeit ausgesetzt waren. Sie erreichten dennoch stets für sich persönlich eine Form von mikrostruktureller Ordnung, die nicht von der makrostrukturellen Krise verunmöglicht worden war. Damit kann davon ausgegangen werden, dass die Auswärtigen auch in einer sie umgebenden pandemischen Krise Ordnung schaffen können. Sie schaffen es weiterhin, Kontinuitätsannahmen zu haben, daran anzuknüpfen oder eine alltägliche Ordnung – falls nötig auch im Ausland – (wieder-)herzustellen, ohne dabei den Hinwendungsmodus als Besuchende verlassen zu müssen. Durch die vorgestellte Idealtypenbildung konnte in der Studie ein umfassendes Bild gezeichnet werden, auf welche Arten es den Auswärtigen zu Beginn der COVID-19-Pandemie trotz der sie affektierenden Einschränkungen gelingt, eine Ordnung (wieder-)herzustellen. Im gleichen Zug schafften es alle Interviewpartner im Sample eine Handlungsfähigkeit zu erzeugen.

6. Diskussion der Studie

Im Folgenden sollen nun zur Diskussion der Studie zunächst die empirischen Implikationen besprochen werden. Diese werden insbesondere auf die Stabilisierung von Ordnung, die Konsequenzen für gesellschaftliche (Sicherungs-)Institutionen sowie für die Sozialfigur des Besuchenden herausgearbeitet. In der Folge werden mögliche Grenzen und Limitationen der vorliegenden Studie dargestellt, um abschließend zukünftige Anknüpfungsmöglichkeiten an diese vorzuschlagen.

6.1. Empirische Implikationen

Durch das empirische Material konnte herausgearbeitet werden, dass sich die Sozialfigur des Fremden innerhalb der modernen Gesellschaft stark verändert hat. Für das moderne Subjekt scheint es bekannt, wie man sich im Ausland bewegt und es gibt demnach eine Form von Rezeptwissen für Handlungen in der Fremde, welches sowohl besteht als auch angewandt werden kann. Auswärtige wenden sich der Fremde dabei meist als Besuchende zu, da dieser Hinwendungsmodus das ursprüngliche Relevanzsystem bezüglich einer Alltäglichkeit nicht fragwürdig werden lässt. Im Kontakt mit der Fremde ist das moderne Subjekt besonders geübt. Die Bedingung dafür ist jedoch, dass es dem modernen Menschen möglich ist, alltägliche Ordnungen zu jeder Zeit und an jedem Ort, an dem er sich aufhalten möchte, herzustellen. Dabei sind zwei Möglichkeiten denkbar, wie dieses Rezeptwissen, um Ordnung (wieder-)herzustellen, erarbeitet wurde: durch eigene oder durch fremde, (medial) vermittelte Erfahrungen. Das grundsätzliche Vertrauensverhältnis stützt sich dazu auf Institutionen, die sich zunehmend global und universell verbreiten. Empirisch waren dazu zwei Kernelemente eines kosmopolitisierten Alltags rekonstruierbar. So scheint es erstens aufgrund der pluralisierten Weltgesellschaft möglich, jeweils bekannte Sinnangebote auch in fremden Ländern zu finden. Beispielhaft ist es ebenso möglich, Brot nach fränkischer Machart in der deutschen Traditionsbäckerei in Nepal wie spezielle chinesische Würzsoßen im asiatischen Supermarkt in Deutschland zu kaufen. Auch gibt es zweitens moderne (soziale) Medien, mit denen der Kontakt zu wesentlichen Sekundärinstitutionen wie der Familie oder anderen Gruppen an verschiedenen Orten aufrechterhalten kann. Dadurch scheint es dem modernen Menschen möglich, sich als Teil einer Gesellschaft zu empfinden, ohne dass dieser Bezug lokal beschränkt sein muss. Peter Berger fasst dies als Plausibilitätsstrukturen, also „soziale Beziehungen, die dazu dienen, seine Wirklichkeit zu festigen und zu stützen" (Berger 1983: 243). Dies beruht auf der Annahme, dass durch moderne Massenmedien weltweite Informationsbeschaffung und Kontaktierung deutlich vereinfacht wurde. Damit wäre der moderne Mensch nicht mehr automatisch in der Fremde gezwungen, sein altes Leben vollends hinter sich zu lassen und nun in solche lokalen sowie sozialen Strukturen eingebettet, die ihn aufgrund einer Form von fremden Verhalten an den Rand drängen und zur Anpassung zwingen. Stattdessen kann er nun als Besuchender in einem kosmopolitisierten Alltag handeln, ohne dabei seine subjektive Wirklichkeit anzweifeln zu müssen. Zusammenfassend scheint es also für den modernen Menschen natürlich, sich in unbekannten Situationen zu bewegen – jedoch eher im Hinwendungsmodus von Besuchenden denn von Fremden. Dabei stabilisieren die hier als Auswärtige gefassten Personen vor allem ihre alltägliche Ordnung.

6.1.1. Stabilisierung von Ordnung

In dieser Arbeit konnte mithilfe des empirischen Materials drei Idealtypen herausgearbeitet werden, um die Forschungsfrage, wie die Auswärtigen zu Beginn der COVID-19-Pandemie diese erleben und wie sie in der Folge handelnd Stabilität herstellen, zu beantworten. Diese Idealtypen der Kosmopoliten, der Rückkehrenden und der Ordnenden wurden dabei jeweils in Variationen ausdifferenziert. Dem Handlungszwang, dem die Auswärtigen und insbesondere die Gestrandeten aufgrund des Routinebruchs als

Besuchende ausgesetzt waren, konnten sie so auflösen, dass sie es schafften, eine soziale Ordnung für sich wiederherzustellen. Dies ermöglichte es ihnen, auch in Zukunft handlungsfähig zu bleiben und innerhalb einer Alltäglichkeit mit pragmatischen Motiven und natürlicher Einstellung ihre Handlungsprobleme zu lösen. Die Stabilisierung der sozialen Ordnung und des Alltags hat dabei zur Folge, wenn man wie Link (2009a) die modernen Kulturen des Okzidents als normalistisch betrachten möchte, dass sie zu einer Wahrnehmung und Annahme von Normalität und damit Sicherheit führt. Deshalb kann an dieser Stelle auch die empirisch gestützte Konklusion getroffen werden, dass die COVID-19-Pandemie durchaus auf makro- und eventuell sogar auf mesostruktureller Ebene als Krise definiert werden kann, diese damit aber nicht automatisch zu einer solchen krisenhaften Wahrnehmung auf mikrostruktureller Ebene führt. Daraus kann abgeleitet werden, dass ein Subjekt in der Lage ist, innerhalb einer es umgebenden makro- oder mesostrukturellen Krise diese nicht als es selbst betreffend wahrzunehmen, wenn beispielsweise zuvor erarbeitete Gewissheiten weiterhin bestehen. Vor diesem Hintergrund kann die Krise generell also weder als universelle soziale Tatsache verstanden werden, wie es Durkheim (1976 [1924]) vorschlägt, noch als allgemeinübergreifender Konsens, wie es bei Schütz (1972a) zu finden ist. Diese Auslegung bedeutet nicht, dass es keine Situationen gibt, in denen die Krise intersubjektiv wahrnehmbar ist – im Gedankenspiel könnte man hierbei die Situationen an Flughäfen oder Grenzübergängen benennen – oder, dass sie sich in objektiven Gegebenheiten wie den Ausgangssperren manifestieren kann. Damit verweist eine rekonstruierte und analytisch skizzierte gesellschaftliche Unordnung nicht automatisch auf eine subjektiv erfahrene. Krisenhaftigkeit verbleibt dabei ebenso als Situationsdefinition, die den Subjekten zusätzlich aus ihrer egologischen Perspektive heraus überlassen wird. Die Subjekte können dem folgend dann für sich in intersubjektiven Aushandlungsprozessen ausmachen, ob und wie sie die aktuellen Erfahrungen als subjektive Unordnung oder gar als Krise wahrnehmen und ob beziehungsweise in welchem Maße sie sich veranlasst fühlen, ordnungsstiftend zu handeln. Wenn sie die Situation als krisenhaft einstufen, greifen sie – wie gezeigt – oft auf gesellschaftliche (Sicherungs-)Institutionen zurück, um sich zu helfen beziehungsweise sich unterstützen zu lassen.

6.1.2. Konsequenzen für (Sicherungs-)Institutionen

Bei einer hohen Anzahl der Auswärtigen, die sich stark als gestrandet wahrnahmen – insbesondere bei den Idealtypen der Rückkehrenden und der Ordnenden – fiel auf, dass sie explizit gesellschaftliche (Sicherungs-)Institutionen kontaktierten, um beispielsweise über typische Wege der institutionalisierten, bürokratischen Ordnung zu versuchen, die resultierenden objektiven Gegebenheiten zu modifizieren. Dies scheint insbesondere dann der Fall zu sein, wenn die politischen Maßnahmen zur Eindämmung der Verbreitung der COVID-19-Pandemie durch politische Institutionen getätigt wurden, die es in einigen Situationen zwingend erforderlich machten, eine Institution einzubinden, um bestimmte Handlungsentwürfe umsetzen zu können. Funktional dienen solche Institutionen also auch der Reduktion von Unsicherheiten (North 1991), weshalb im wahrgenommenen Krisenfall eine Hinwendung zu Sicherungsinstitutionen einem Subjekt als sinnhaft erscheinen kann. In diesem Wissen wurden Institutionen dabei sogar teilweise angeregt, diese Funktion auszufüllen – insbesondere bei der Variation der Demonstrierenden. Gesellschaftliche (Sicherungs-)Institutionen wurden auch dahingehend als Möglichkeit zur Reduktion von Unsicherheiten genutzt, indem deren Kommunikation als Expertenwissen aufgefasst wurde, um eine Orientierung auf dem unsicheren Boden der zuvor noch nicht erlebten Pandemie zu haben. Dadurch war es Subjekten möglich, Rezeptwissen anhand der so kommunizierten Hinweise zu erarbeiten.

Innerhalb eines wissenssoziologischeren und weiter gefassten Institutionenverständnisses, wie es bei Berger und Luckmann zu finden ist, findet Institutionalisierung statt, „sobald habitualisierte Handlungen durch Typen von Handelnden reziprok typisiert werden“ (2016 [1969]: 58). Wenn diese Typisierung dann vorgenommen wird, kann von einer Institutionalisierung ausgegangen werden. In der Weitergabe des Wissens über die reziprok vorgenommenen Typisierungen werden die entstandenen Institutionalisierungen selbst zu objektiviertem Wissen. Es kann davon ausgegangen werden, dass diese institutionalisierten Wissensbestände auch über gesellschaftliche (Sicherungs-)Institutionen und insbesondere gegenüber staatlichen Institutionen bestehen. Empirisch konnte aufgezeigt werden, dass sich viele der Auswärtigen zunächst an die ihnen bekannten Institutionen gewandt haben: staatliche Organe, Familie oder andere nahestehenden Gruppen. Für die Auswärtigen besteht in ihrer natürlichen Einstellung somit eine Kontinuitätsannahme, dass sie immer mit dem gleichen Rezeptwissen weiterhandeln können, wenn sie in Interaktion mit diesen Institutionen stehen. Sie nehmen also ebenfalls an, dass dieses Wissen Gehalt hat und dass typische (staatliche) Handlungen auf ihre typischen Reaktionen erfolgen werden: bestimmte, angeforderte Hilfeleistungen. Dies zeigt sich empirisch insbesondere bei den Demonstrierenden, die den Staaten, die keine Rückholflüge organisieren, mit typischen Handlungen gegenübertreten – insbesondere in Form von Medienberichten und politischen Maßnahmen wie dem Verfassen von Petitionen. Auf diese typischen Handlungen antworten die staatlichen Institutionen häufig mit der typischen Reaktion und führt das aus, was den initiierenden Personen als notwendig erscheint.

Bartels (2013) geht davon aus, dass die Wahrnehmung von Krise zu einer Umverteilung der Handlungsmacht führen könnten, wodurch Zuständigkeiten aber auch Entscheidungsbedürfnisse zwischen Subjekten und institutionellen Organisationen neu ausgehandelt werden – dies kann wissenssoziologisch gefasst ebenfalls als Institutionalisierung im Sinne von Berger und Luckmann (2016 [1969]) verstanden werden. Im vorliegenden Fall unterstützen die gesellschaftlichen (Sicherungs-)Institutionen die Auswärtigen insbesondere dabei, die zeitliche Fixiertheit ihres Besuches – und damit auch ihren Besuchendenstatus – soweit möglich wiederherzustellen. Sie unterstützen aber auch darin, dass bestimmte Handlungen überhaupt erst durchgeführt werden können. Dies kann beispielhaft in Form der Organisation von Rückholflügen gesehen werden, da kommerzielle Flüge den Subjekten durch die krisenbedingte Übertragung der Handlungsmacht weg von kommerziellen Anbietern hin zu staatlichen Organisationen verunmöglicht wurden. Eine teils notwendige Neuaushandlung dessen war demnach auch zu bemerken. Dabei ging es den Subjekten vor allem darum, ihren Status als Besuchende durch die Befristung bis zum Flug aufrechtzuerhalten. Doch auch andere Merkmale scheinen sie weiterhin als Besuchende auszuweisen, die im Folgenden ausgeführt werden.

6.1.3. Konsequenzen für die Sozialfigur des Besuchenden

Für die Auswärtigen zu Beginn der COVID-19-Pandemie entfällt zunächst die zeitliche Fixiertheit und damit ein basales Erkennungsmerkmal der Vergegenständlichung als vorübergehende Besuchende. Damit droht diesen, das zu entgleiten, was sie theoretisch am stärksten von der klassischen Sozialfigur des Fremden unterscheidet: das zuvor bestimmte Ende des Aufenthaltes. Empirisch lässt sich jedoch mit dieser Studie erarbeiten, dass es weitere Definitionsmerkmale der Sozialfigur der Besuchenden zu geben scheint, die außerhalb dieser Arbeit theoretisch gefasst und zur weiteren Ausarbeitung der Sozialfigur genutzt werden könnten.

Zunächst wäre dies, dass die Auswärtigen durch die politischen Maßnahmen zur Eindämmung der COVID-19-Pandemie mit neuen pragmatischen Problemstellungen konfrontiert sind. Diese betreffen in besonderem Maße den lokalen und temporären Alltag und können die Konstanz- und Kontinuitätsannahmen der Subjekte verunmöglichen. Durch die Ausgangssperren und das Aussetzen aller nicht als systemrelevant bezeichneten Infrastruktur – wie es vielerorts umgesetzt wurde – können die Besuchenden die ursprünglich entworfenen Handlungen nicht mehr durchführen. Dies bezieht sich einerseits zum Beispiel auf touristische Aktivitäten wie

Besuche von Museen oder Baudenkmälern, andererseits aber auch auf das Verlassen des Ortes beziehungsweise Landes. Diese Pläne können nicht mehr durch schrittweise zu vollziehendes Handeln herbeigeführt werden. Anstelle dieser ursprünglich geplanten Handlungen müssen die Auswärtigen nun alltäglichere Handlungsprobleme lösen. Beispielhaft können dies die informative Kommunikation mit Behörden über politischen Maßnahmen oder die Ansprüche der Lokalregierung an Personen ausländischer Staatsangehörigkeit[30] sein. Doch auch essenzielle Fragen wie die der eigenen Verpflegung, medizinischen Versorgung, finanziellen Liquidität oder der Unterbringung müssen geklärt werden, ebenso wie Tagesabläufe, Freizeitbeschäftigungen, soziale Kontakte oder Verständigung mit lokalen Gruppen. Somit sind die Besuchenden gezwungen, sich hier neuen Relevanzen zu beugen.

Darüber hinaus legt die Empirie nahe, die zeitliche Fixiertheit des Besuches und den damit aufgenommenen Alltag nicht ohne den zurückgelassenen und bewahrten Alltag zu betrachten. Es erscheint sinnvoll, anzuerkennen, dass durch die Befristung nicht nur der Besuch, sondern auch die soziale Ordnung des zurückgelassenen Alltags stabilisiert werden. Damit ist für die Auswärtigen durch die zuvor ungeplante Aufenthaltsverlängerung (oder -verkürzung) nicht nur die soziale Ordnung als Besuchende bedroht, sondern vor allem auch die zurückgelassene alltägliche Ordnung. Deswegen müssen die Besuchenden sowohl die Ordnung im aktuellen Alltag wie auch Verunmöglichung und Entfremdung von zurückgelassener Alltäglichkeit verhindern. Daraus kann abgeleitet werden, dass es auch während des Auslandsaufenthaltes einen Alltag gibt, dessen Handlungen geplant und dessen Ordnung stabilisiert werden muss. Dies würde entgegen der Ausarbeitungen von Schirrmeister (2002) stehen, die vergnügungsbezoge-

[30] In Nepal wurden die Informationen der Regierung beispielsweise kaum auf Englisch verbreitet. Dieses Verhalten der nepalesischen Regierung machte es enorm schwierig, von diesen Informationen rechtzeitig Kenntnis zu erlangen und auf sie zu reagieren. Bei mehreren der Interviewten (insbesondere in ruraleren Gebieten Nepals, Balis oder Indiens) kam es deswegen zu Problematiken bei der Visabeschaffung und -verlängerung, bei weiteren Anträgen oder in Bezug auf die Zeiten der Ausgangsbeschränkungen.

ne Auslandsaufenthalte und touristische Reisen als außeralltäglich betrachtet.

Zuletzt scheint es insbesondere bei Personen des dritten Idealtyps auffällig, dass die soziale Ordnung als Besuchende zwar stabilisiert, aber dabei weiterhin nicht auf Dauer angelegt wurde. So entschieden sie sich entweder dazu, weiter- oder auszureisen, sobald es möglich wurde oder sie sich bei einer Weiter- oder Ausreise sicher fühlten. Die Übergangszeit bis dorthin, die inkongruent zu sonstigen Gewohnheiten sein kann, wurde demnach nur aufgrund der Krise für notwendig erachtet. Dabei bleibt das Ziel jedoch stets, die Inkongruenz aufzulösen und nicht durch eine Gewohnheit abzulösen. Das problemlösende und ordnungsstiftende Handeln der Auswärtigen ist demnach priorisiert auf eine zeitliche Überbrückung ausgelegt. Sie verbleiben damit auch dabei, den neuen geordneten Alltag als Lösung eines aktuellen Handlungsproblems zu betrachten und die Situation nicht in einen größeren Verweisungs- oder Sinnzusammenhang zu stellen. Inwieweit dies weiterhin auf Menschen zutrifft, die auch nach längerer Zeit nicht ausgereist sind, kann nur vermutet werden – bei zweien der Interviewpartnerinnen konnte bei einem weiteren Kontakt im Oktober beziehungsweise Dezember 2020 jedoch beobachtet werden, dass sie für sich die Möglichkeit, auf Dauer im jeweiligen Aufenthaltsland zu verbleiben, nicht mehr kategorisch ausschließen. Dies war einerseits bei LEWA-CO/P zu sehen, die nun eine gemeinsame Wohnung mit ihrem einheimischen Partner bezogen hat, und ebenso bei PEXX-CO/P, die zwischenzeitlich eine Ehe mit einem Einheimischen eingegangen war. Beiden war dabei jedoch bewusst, dass sie keinen dauerhaften Aufenthaltsstatus haben und deswegen das Land zu einem bestimmten Zeitpunkt verlassen werden müssen. Bei LEWA-CO/P war dies zum Beispiel Mitte Dezember 2020 der Fall, als ihr Visum ablief und sie vorübergehend ausreiste.

Die empirischen Befunde legen außerdem nahe, dass die Sozialfigur des Fremden in der modernen Gegenwartsgesellschaft nicht mehr aktuell zu sein scheint. Dies mag der Tatsache geschuldet sein, dass Subjekte nicht mehr – wovon Schütz (1972a) noch ausgehen konnte – in einer einzigen sozialen Welt leben, mit deren Mitgliedern sie Relevanzsystem und Wissen teilen, sondern sie in einer Vielzahl sozialer Welten unterwegs sind. Im Zentrum einer solchen Welt steht nun meist eine bestimmte Tätigkeit oder soziale Rolle. Da in modernen interkulturellen Gesellschaften jedoch von einer stärker generalisierten Fremdheit ausgegangen werden muss, gibt es immer weniger intersubjektiv geteiltes Wissen (Hahn 1994). Da die Komplexität dieser Gefüge der sozialen Welten stets zunimmt, wird immer weiter unklar, was als Normalität und Krise angesehen werden kann. Deshalb wird in neuerer Literatur davon ausgegangen, dass „[d]ie sozialen Welten moderner Gesellschaften […] das Problem der Integration auf je eigene Weise" (Zifonun 2020: 29) lösen. Dadurch scheint die Sozialfigur der Besuchenden die des Fremden abgelöst zu haben.

6.2. Grenzen und Limitationen der Studie

Trotz der empirischen Ergebnisse gibt es einige Grenzen und Limitationen dieser Studie, auf die an dieser Stelle der Arbeit hingewiesen werden soll. Zunächst muss beachtet werden, dass die Studie mit qualitativer Methodik arbeitet. Diese Vorgehensweise hat den Vorteil, spezifischere und individuellere Fragestellungen bearbeiten zu können, bringt aber den Nachteil mit sich, dass nur ein kleines Sample erhoben werden konnte. Im vorliegenden Fall besteht dieses Sample – wie bereits erwähnt – aus 41 Interviews, die mit weiteren Datensorten und eigenen Erfahrungen kombiniert wurden. Dies kann dazu führen, dass es im Verlauf der Studie nur eine geringe Anzahl von Personen gab, die einer bestimmten Variation zugeordnet werden konnten, weshalb eine genauere, differenziertere Ausarbeitung der Typen und empirischen Implikationen teilweise erschwert wurde. Des Weiteren wird das Sample auch dadurch beeinflusst, dass es für die Interviewpartner notwendig war, einen Internetanschluss oder zumindest einen Telefonanschluss zu besitzen, der verwendet werden konnte. Dadurch konnten Personen, die in Gegenden ohne oder mit unzureichendem Internetempfang nur äußerst schlecht erreicht werden. Auch durch die Auswahl der Interviewpartner und Interviews, wobei auf eine ausgewogene Mischung aus *convenience* und *theoretical sampling* geachtet wurde, können die empirischen Ergebnisse dieser Arbeit beeinflusst worden sein. Ebenso könnten ein kurzes Zeitfenster und die Kurzfristigkeit der Situation sowie das explorative Design zu einer Verzerrung der Ergebnisse geführt haben. Inwieweit dies jedoch der Fall ist, kann an dieser Stelle nicht beurteilt werden. Eine solche Beurteilung ist jedoch in einem Vergleich mit anderen Studien möglich, die zukünftig durchgeführt oder auf dieser Studie aufgebaut werden.

Ein weiterer Punkt, der bei der Betrachtung der Studie berücksichtigt werden muss, ist die Tatsache, dass die Herkunfts- sowie die Aufenthaltsländer der Interviewten stark variierten. Diese Vorgehensweise hat zwar einerseits den Vorteil, dass empirisch breiter erhoben wurde, andererseits kann es zu irreführenden Äußerungen führen. Dabei sind insbesondere Sprachbarrieren auf der Seite der Interviewenden und der Interviewten zu benennen, die verstärkend mit kulturellen Barrieren einhergehen können. So fiel insbesondere in der hermeneutischen Auswertung auf, dass teils gewisse Wortkonnotationen nicht umfassend genutzt und geklärt werden konnten, da die Verwendung spezifischer Wörter nur darauf zurückführbar sein konnte, dass nur diese den jeweiligen Personen in der verwendeten Fremdsprache bekannt waren und weniger eine inhaltliche Bedeutung zu haben schienen.[31] Die Interviewpartner hatten teilweise sehr unterschiedliche Niveaus in den verwendeten Sprachen und in manchen Fällen wurde auch die Sprache während des Interviews gewechselt, da eine andere als gehalt- und sinnvoller eingeschätzt wurde. Dies erforderte sowohl auf Seiten der Interviewten als auch der Interviewenden erhöhte Aufmerksamkeit und Flexibilität.

[31] Neben der bereits angesprochenen Verwendung von Wörtern, die auf Blutsverwandtschaft als Kosewort für nahestehende Personen hinweisen, fiel auch die Abgrenzung auf, ab wann eine Erhebung ein Berg („mountain“) und kein Hügel („hill“) mehr ist, beziehungsweise ab wann eine Erhebung überhaupt als Hügel klassifiziert werden kann.

6.3. Mögliche Weiterführungen der Studie

Die vorliegende Studie bietet zahlreiche Anknüpfungspunkte für Weiterführungen. Denkbar wäre insbesondere durch das hohe theoretische und zeitdiagnostische Potential die weitere Ausarbeitung der Sozialfigur des Besuchenden. Dadurch wäre es möglich, die theoretische Verbindung zwischen der Differenzierungsforschung zu einer kultursoziologisch geprägten Forschung zu Sozialfiguren durch eine alltags- und wissenssoziologische Ausrichtung herzustellen. Dieser Forschungsansatz wäre auch eine mögliche Folgestudie zu dieser Arbeit, in der die bisherigen Interviews weiter analysiert und zusätzlich die Interviewpartner für Folgeinterviews kontaktiert werden könnten. Dadurch könnten künftige Veränderungen prozessual aufgezeigt werden. Durch die Rekonstruktion, wie die Auswärtigen, die durch ihr Gestrandetsein fragwürdig gewordene Ordnung stabilisieren und was überhaupt stabilisiert wird, könnte ein Rückschluss darauf gezogen werden, was idealtypisch für die Ordnung der Sozialfigur des Besuchenden zu sein scheint. Dies könnte dazu genutzt werden, die jeweilige Krisenbewältigung zu skizzieren und somit weiterführend über die mikrostrukturelle Wahrnehmung makrostruktureller Krisen zu forschen. Des Weiteren gäbe es die Möglichkeit, die hier vorgestellten Ergebnisse als Basis für eine Forschung zu anderen auswärtigen Gruppen zu nehmen, diese vor, während und nach der COVID-19-Pandemie zu vergleichen, um prozessuale Änderungen im Selbstverständnis von Touristen, Expatriates oder anderen Auswärtigen aufzuzeigen. Auch Veränderungen im Weltverhältnis von Subjekten innerhalb einer globalisierten, kosmopolitischen Moderne könnten prozessual aufgearbeitet werden. Wie die Integration von aus der Pandemie resultierenden Unsicherheiten in Handlungsentwürfe vonstattengeht, könnte ebenfalls in den Fokus einer Studie rücken. Ein Vergleich mit der Krisenbewältigung von Menschen, die sich zu Beginn der COVID-19-Pandemie in ihrem Heimatland befanden, könnte zusätzlich zu nachhaltigen Forschungsergebnissen führen.

Des Weiteren gäbe es die Möglichkeit, die Einbringung lebensweltlicher Erfahrungen in Interviews, die genutzt werden sollen, um Sinn zu rekonstruieren, weiterzudiskutieren und theoretisch zu fundieren. Diese Weiterentwicklungen schließen mit ein, dass die Definitionen der Begriffe von Alltag, Modernität oder Fremdheit auch im Kontext von Szenen, sozialen Welten oder ähnlichem zeitaktueller und gegenwartsdiagnostischer neu zu denken sind. Eine Besonderheit des Besuchenden ist dessen Idee, sich überall in den gewählten Aufenthaltsländern insoweit verständlich machen zu können, dass das eigene Überleben gesichert ist. So gehen Besuchende häufig davon aus, dass Lebensmittel oder auch fertig gekochte Mahlzeiten verkauft werden, die sie verzehren können, dass es öffentliche Verkehrsmittel gibt oder dass es eine Form von Herberge gibt, die als Übernachtungsmöglichkeit genutzt werden kann. Das wichtigste Element ist jedoch, dass sie davon ausgehen, dass sie sich insoweit verständlich machen können (sei es über Sprache, digitale Übersetzung oder auch Gesten), dass sie die vorgenannten Dinge in Anspruch nehmen können. Die quantitative Untersuchung der Grundlagen, von denen die Besuchenden im Rahmen ihres Aufenthaltes im Ausland ausgehen und was sie davon wie und in welcher Form in Anspruch nehmen, wäre demnach eine weitere interessante Weiterführung dieser Studie.

Wie aufgezeigt, bietet die vorliegende Studie demnach zahlreiche Anknüpfungspunkte sowohl für theoretische als auch für empirische Weiterführungen. Aufgrund des explorativen Designs konnte das Feld durch die Forschungsfrage geleitet in seinen wesentlichen Punkten erstmals abgesteckt werden. Die Studie bietet nun eine umfassende Basis und interessante Ausgangspunkte für zukünftige Forschungen.

7. Literaturverzeichnis

Adam, David (2020): Special report: The simulations driving the world's response to COVID-19. How epidemiologists rushed to model the coronavirus pandemic. In: Nature 580, S. 316-318.

Akremi, Leila (2014): Stichprobenziehung in der qualitativen Sozialforschung. In: Nina Baur, Jörg Blasius (Hrsg.), Handbuch Methoden der empirischen Sozialforschung. Wiesbaden, S. 265-282.

Ali, Harria/Dumbuya, Barlu/Hynie, Michaela/Idahosy, Pablo (2016): The Social and Political Dimension of the Ebola Response. Global Inequality, Climate Change, and Infectious Disease. In: Walter Leal Filho, Ulisses M. Azeiteiro, Fatima Alves (Hrsg.), Climate Change and Health. Improving Resilience and Reducing Risks. Basel, S. 151-169.

Alvesson, Mats/Sköldberg, Kaj (2009): Reflexive Methodology. New Vistas for Qualitative Research. London.

Auswärtiges Amt (2020a): Elektronische Erfassung von Deutschen im Ausland. URL: https://elefand.diplo.de/elefandextern/home/login!form.action (zuletzt abgerufen: 09.03.2021).

Auswärtiges Amt (2020b): COVID-19 Rückholprogramm. URL: https://defederalforeignoffice.accounts.ondemand.com/saml2/idp/sso/defederalforeignoffice.accounts.ondemand.com (zuletzt abgerufen: 09.03.2021).

Baldwin, James (1955): Notes of a Native Son. Boston.

Bartels, Marie (2013): Katastrophen und Kausalität. In: Leon Hempel, dies., Thomas Markwart (Hrsg.), Aufbruch ins Unversicherbare. Zum Katastrophendiskurs der Gegenwart. Bielefeld, S. 193-208.

Bauman, Zygmunt (1995): Moderne und Ambivalenz. Das Ende der Eindeutigkeit. Frankfurt am Main.

Bauman, Zygmunt (2007): Flaneure, Spieler und Touristen. Essays zu postmodernen Lebensformen. Hamburg.

Beck, Ulrich (1986): Risikogesellschaft. Auf dem Weg in eine andere Moderne. Frankfurt am Main.

Beck, Ulrich/Beck-Gernsheim, Elisabeth (2015 [1994]): Individualisierung in modernen Gesellschaften – Perspektiven und Kontroversen einer subjektorientierten Soziologie. In: dies. (Hrsg.), Riskante Freiheiten. Individualisierung in modernen Gesellschaften. Frankfurt am Main, S. 9-39.

Berger, Peter L. (1983): Das Problem der mannigfaltigen Wirklichkeiten. Alfred Schütz und Robert Musil. In: Richard Grathoff, Bernhard Waldenfels (Hrsg.), Sozialität und Intersubjektivität. Phänomenologische Perspektiven der Sozialwissenschaften im Umkreis von Aron Gurwitsch und Alfred Schütz. München, S. 229-251.

Berger, Peter L./Luckmann, Thomas (1995): Modernität, Pluralismus und Sinnkrise. Die Orientierung des modernen Menschen. Gütersloh.

Berger, Peter L./Luckmann, Thomas (2016 [1969]): Die gesellschaftliche Konstruktion der Wirklichkeit. Eine Theorie der Wissenssoziologie. Frankfurt am Main.

Berger, Peter/Berger, Brigitte/Kellner, Hansfried (1975): Das Unbehagen in der Modernität. Frankfurt am Main.

Bergson, Henri (1910): Time and Free Will. An Essay on the Intermediate Data of Consciousness. London.

Bibliographisches Institut (2020a): Auswärtige. URL: https://www.duden.de/rechtschreibung/Auswaertige (zuletzt abgerufen: 09.03.2021).

Bibliographisches Institut (2020b): Auswärtiger. URL: https://www.duden.de/rechtschreibung/Auswaertiger (zuletzt abgerufen: 09.03.2021).

Bodemann, Y. Michal (2010): Deutschland und die orientalische Welt. Der Jude/Fremde in der klassischen deutschen Soziologie. In: Gökce Yurdakul, Y. Michal Bodemann (Hrsg.), Staatsbürgerschaft, Migration und Minderheiten. Inklusion und Ausgrenzungsstrategien im Vergleich. Wiesbaden, S. 47-70.

Bourdieu, Pierre (1996): Die Logik der Felder. In: Pierre Bourdieu, Loïc J. D. Wacquant (Hrsg.), Reflexive Anthropologie. Frankfurt am Main.

Brinkmann, Malte (2020): Phänomenologie. In: Gabriele Weiß, Jörg Zirfas (Hrsg.), Handbuch Bildungs- und Erziehungsphilosophie. Wiesbaden, S. 601-613.

Bundesärztekammer (2020b): Mysteriöse Lungenkrankheit in China ist laut Behörden kein Sars. URL: https://www.aerzteblatt.de/nachrichten/108481/Mysterioese-Lungenkrankheit-in-China-ist-laut-Behoerden-kein-Sars (zuletzt abgerufen: 09.03.2021).

Bundesgesundheitsministerium (2020): Coronavirus SARS-CoV-2: Chronik der bisherigen Maßnahmen. URL: https://www.bundesgesundheitsministerium.-de/coronavirus/chronik-coronavirus.html (zuletzt abgerufen: 09.03.2021).

Bundesministerium für Wirtschaft und Energie (2020): Tourismus. URL: https://www.bmwi.de/Redaktion/DE/Dossier/tourismus.html (zuletzt abgerufen: 09.03.2021).

Caduff, Carlo (2018): Warten auf die Pandemie. Ethnographie einer Katstrophe, die nie stattfand. Konstanz.

Davis, Mike (2005): Vogelgrippe. Zur gesellschaftlichen Produktion von Epidemien. Berlin und Hamburg.

Deppermann, Arnulf (2013): Interview als Text vs. Interview als Interaktion. In: Forum Qualitative Sozialforschung 14 (3), Art. 13.

Deuber, Lea (2020): Wie China versucht, die Geschichte des Corona-Ausbruchs neu zu schreiben. In: Süddeutsche Zeitung, URL: https://www.sueddeutsche.-

de/politik/china-coronavirus-xi-jinping-1.4844980 (zuletzt abgerufen: 09.03.2021).

Deuber, Lea/Uhlmann, Berit (2020): Mysteriöses Virus. In China grassiert die Angst vor einem bisher unbekannten Erreger von Lungenentzündung. In: Süddeutsche Zeitung vom 09.01.2020, S. 14.

Deutsche im Ausland (2020): Daten und Fakten. Zahlen zu deutschen Auswanderern. URL: https://www.deutsche-im-ausland.org/im-ausland-leben-und-arbeiten/leben-im-ausland/daten-und-fakten.html (zuletzt abgerufen: 09.03.2021).

Diniz, Simone Grilo (2018): Zika Virus and pregnancy. A perspective from Brazil. In: Midwifery 35, S. 22-23.

Dong, Weizhen (2008): Beyond SARS. Ethnic community organization's role in public health – a Toronto experience. In: Promotion & Education 15 (4), S. 53-55.

Dörner, Andreas/Vogt, Ludgera (Hrsg., 2020): Mediale Störungen. Krisenkommunikation in Sondersendungen des deutschen Fernsehens. Wiesbaden.

Dry, Sarah/Leach, Melissa (Hrsg., 2010): Epidemics. Science, governance and social justice. London und Washington DC.

Durkheim, Émile (1976 [1924]): Soziologie und Philosophie. Frankfurt am Main.

Durkheim, Émile (1983 [1897]): Der Selbstmord. Frankfurt am Main.

Eberle, Thomas S. (2011): Abduktion in phänomenologischer Perspektive. In: Norbert Schröer, Oliver Bidlo (Hrsg.), Die Entdeckung des Neuen. Qualitative Sozialforschung als Hermeneutische Wissenssoziologie. Wiesbaden, S. 21-44.

Endreß, Martin (2006): Alfred Schütz. Konstanz.

Evans, Meirion R. (2010): The swine flu scam? In: Journal of Public Health 32 (3), S. 296-297.

Flick, Uwe (1996): Qualitative Forschung. Theorie, Methoden, Anwendung in Psychologie und Sozialwissenschaften. Reinbek.

Flick, Uwe (2010): Design und Prozess qualitativer Forschung. In: Uwe Flick, Ernst von Kardoff, Ines Steinke (Hrsg.), Qualitative Forschung. Reinbek, S. 252-264.

Frankfurter Allgemeine Zeitung (2020): Toter durch Coronavirus in China. In: Frankfurter Allgemeine Zeitung vom 13.01.2020, S. 7.

Gamba, Fiorenza/Nardone, Marco/Ricciardi, Toni/Cattacin, Sandro (Hrsg., 2020): COVID-19. Le regard des sciences sociales. Genf und Zürich.

Gebhardt, Winfried/Hitzler, Ronald/Schnettler, Bernt (2006): Unterwegs-Sein – zur Einleitung. In: Winfried Gebhart, Ronald Hitzler (Hrsg.), Nomaden, Flaneure, Vagabunden. Wissensformen und Denkstile der Gegenwart. Wiesbaden, S. 9-20.

Glaser, Barney G./Strauss, Anselm (1979): Die Entdeckung gegenstandsbezogener Theorie. Eine Grundstrategie qualitativer Forschung. In: Christel Hopf, Elmar Weingarten (Hrsg.), Qualitative Sozialforschung. Stuttgart, S. 91-111.

Goffman, Erving (2013 [1959]): Wir alle spielen Theater. Die Selbstdarstellung im Alltag. München, Berlin und Zürich.

Göttlich, Andreas (2018): Warten und Warten-Lassen, Reflexionen zur sozialen Auferlegung von Zeit. In: Sozialer Sinn 19 (2). Berlin und Boston, S. 281-308.

Gülich, Elisabeth (1980): Konventionelle Muster und kommunikative Funktionen von Alltagserzählungen. In: Konrad Ehlich (Hrsg.), Erzählen im Alltag. Frankfurt am Main, S. 335-384.

Hahn, Alois (1994): Die soziale Konstruktion des Fremden. In: Walter M. Sprondel (Hrsg.), Die Objektivität der Ordnungen und ihre kommunikative Konstruktion. Frankfurt am Main, S. 140-163.

Heuwinkel, Kerstin (2019): Tourismussoziologie. München.

Hillmann, Karl-Heinz (1994): Wörterbuch der Soziologie. Stuttgart.

Hirschauer, Stefan (1999): Die Praxis der Fremdheit und die Minimierung von Anwesenheit. Eine Fahrstuhlfahrt. In: Soziale Welt 50, S. 221-246.

Hitzler, Ronald (1986): Die Attitüde der künstlichen Dummheit. Zum Verhältnis von Soziologie und Alltag. In: Sozialwissenschaftliche Informationen 15 (3), S. 53-59.

Hitzler, Ronald (1999): Konsequenzen der Situationsdefinition. Auf dem Weg zu einer selbstreflexiven Wissenssoziologie. In: Ronald Hitzler, Jo Reichertz, Norbert Schröer (Hrsg.), Hermeneutische Wissenssoziologie. Standpunkte zur Theorie der Interpretation. Konstanz, S. 289-308.

Hitzler, Ronald/Eisewicht, Paul (2016): Lebensweltliche Ethnographie. Im Anschluss an Anne Honer. Weinheim und München.

Hitzler, Ronald/Reichertz, Jo/Schröer, Norbert (Hrsg., 2020): Kritik der Hermeneutischen Wissenssoziologie. Weinheim.

Hitzler, Ronald/Wolf, Frieder Otto (1988): Literaturbesprechung zu: Beck, Ulrich: Risikogesellschaft. Auf dem Weg in eine andere Moderne. Frankfurt: Suhrkamp 1986. In: Das Argument 30 (172), S. 909-914.

Honer, Anne (1993): Lebensweltliche Ethnographie. Ein explorativ-interpretativer Forschungsansatz am Beispiel von Heimwerker-Wissen. Wiesbaden.

Honer, Anne (2011): Kleine Leiblichkeiten. Erkundungen in Lebenswelten. Wiesbaden.

Husserl, Edmund (1991 [1952]): Phänomenologische Untersuchungen zur Konstitution. In: Marly Biemel (Hrsg.), Ideen zu einer reinen Phänomenologie und phänomenologischen Philosophie. Zweites Buch. Den Haag.

Husserl, Edmund (2012): V. Meditation. Enthüllung der transzendentalen Seinssphäre als einer monadologischen Intersubjektivität. In: Elisabeth Ströker

(Hrsg.), Cartesianische Mediationen. Eine Einleitung in die die Phänomenologie. Hamburg, S. 89-156.
Husserl, Edmund (2013 [1928]): Beilage VIII: Doppelte Intentionalität des Bewußtseinsstromes. In: Rudolf Bernet (Hrsg.), Zur Phänomenologie des inneren Zeitbewusstseins. Hamburg, S. 130-133.
Jacobs, Lesley A. (2007): Rights and Quarantine During the SARS Global Health Crisis. Differentiated Legal Consciousness in Hong Kong, Shanghau, and Toronto. In: Law & Society Review 41 (3), S. 511-551.
Junge, Matthias (2002): Ambivalenz. Eine Schlüsselkategorie der Soziologie von Zygmunt Bauman. In: ders., Thomas Kron (Hrsg.), Zygmunt Bauman. Soziologie zwischen Postmoderne und Ethik. Wiesbaden, S. 81- 103.
Keller, Christine (2015): Freundschaftliche Forschung? Annäherung und Distanzierung beim Betreiben von Ethnographie. In: Ronald Hitzler, Miriam Gothe (Hrsg.), Ethnographische Erkundungen. Methodische Aspekte aktueller Forschungsprojekte. Wiesbaden, S. 255-271.
Knoblauch, Hubert (2014): Wissenssoziologie. Konstanz.
Krampe, Karsten/Reinhardt, Svenja/Weste, Sebastian (2021): Choosing to Wait. Waiting as a Possible Part of Projects of Action. In: Schutzian Research. A Yearbook of Lifeworldly Phenomenology and Qualitative Social Science 12, S. 69-79.
Kreutzer, Florian/Roth, Silke (2006): Einleitung zu Transnationale Karrieren. Biografien, Lebensführung und Mobilität. In: dies. (Hrsg.), Transnationale Karrieren. Biografien, Lebensführung und Mobilität. Wiesbaden, S. 7-31.
Kurt, Ronald/Herbrik, Regine (2014): Sozialwissenschaftliche Hermeneutik und hermeneutische Wissenssoziologie. In: Nina Baur, Jörg Blasius (Hrsg.), Handbuch Methoden der empirischen Sozialforschung. Wiesbaden, S. 473-491.
Lim, Il-Tschung/Ziegler, Daniel (2017): Einleitung. In: dies., (Hrsg.), Kino und Krise. Kulturelle Figurationen: Artefakte, Praktiken, Fiktionen. Wiesbaden, S. 1-7.
Link, Jürgen (2009a): „Ein 11. September der Finanzmärkte“. Die Kollektivsymbolik der Krise zwischen Apokalypse, Normalisierung und Grenzen der Sagbarkeit. In: KultuRRevolution – Zeitschrift für angewandte Diskurstheorie 55/56, S. 10-15.
Link, Jürgen (2009b): Wird die Krise jetzt normalisiert? Über Krise und Normalität. In: KultuRRevolution – Zeitschrift für angewandte Diskurstheorie 57, S. 38-41.
Link, Jürgen (2013): Normale Krisen? Normalismus und die Krise der Gegenwart (mit einem Blick auf Thilo Sarrazin). Konstanz.
Lorenzen, Jule-Marie/Zifonun, Dariuš (2012): Das Eigengewicht der Institutionen und die Zentralität der Laien. Anmerkungen zur Feldtheorie Pierre Bourdieus. In: SWS-Rundschau 52 (1), S. 92-108.

Löw, Martina (2002): Raumsoziologie. Frankfurt am Main.
Maasen, Sabine (2009): Wissenssoziologie. Bielefeld.
Marshall, Catherine/Rossman, Gretchen B. (2016): Designing Qualitative Research. 6th Edition. Los Angeles.
Merz-Benz, Peter U./Wagner, Gerhard (Hrsg., 2002): Der Fremde als sozialer Typus. Klassische soziologische Texte zu einem aktuellen Phänomen. Konstanz.
Moser, Sebastian J./Schlechtriemen, Tobias (2018): Sozialfiguren – zwischen gesellschaftlicher Erfahrung und soziologischer Diagnose. In: Zeitschrift für Soziologie 47 (3), S. 164-180.
Nassehi, Armin (2012): Der Ausnahmezustand als Normalfall. Modernität als Krise. In: Kursbuch „Krisen lieben', Nr. 170 (2). Hamburg, S. 39-49.
Nassehi, Armin (2016): Editorial. In: Armin Nassehi, Peter Felixberger (Hg.), Kursbuch 185: Fremd sein!. Hamburg, S. 3-6.
NDR/ARD-aktuell (2020): Corona-Chronologie der WHO. China hat Virus später als bekannt gemeldet. URL: https://www.tagesschau.de/ausland/who-china-corona-101.html (zuletzt abgerufen: 09.03.2021).
Nepal Tourism Board (2020): Experience Nepal. URL: https://www.welcomenepal.com/ (zuletzt abgerufen: 09.03.2021).
North, Douglass Cecil (1991): Institutions. In: Journal of Economic Perspectives 5 (1). S. 97-112.
Oevermann, Ulrich (1969): Krise und Muße. Struktureigenschaften ästhetischer Erfahrung aus soziologischer Sicht. Vortrag am 19.06. in der Städelschule. o. O.
Park, Robert E. (1969): Human Migration and the Marginal Man. In: Richard Sennett (Hrsg.), The Classic Essays on the Culture of Cities. New York, S. 131-142.
Preunkert, Jenny (2011): Die Krise in der Soziologie. In: Soziologie 40 (4), S. 432-442.
Rammstedt, Otthein (1994): Krise. In: Werner Fuchs-Heinritz, Rüdiger Lautmann, Otthein Rammstedt, Hanns Wienold (Hrsg.), Lexikon zur Soziologie. Opladen.
Reichertz, Jo (2004): Das Handlungsrepertoire von Gesellschaften erweitern. Hans-Georg Soeffner im Gespräch mit Jo Reichertz. In: Forum Qualitative Sozialforschung 5 (3), Art. 29.
Reichertz, Jo (2007): Hermeneutische Wissenssoziologie. In: Renate Buber, Hartmut H. Holzmüller (Hrsg.), Qualitative Marktforschung. Konzepte – Methoden – Analysen. Wiesbaden, S. 111-126.
Reinhold, Gerd (2017): Krise. In: ders. (Hrsg.), Soziologie-Lexikon. München, Wien, S. 370-371.

Robert Koch-Institut (2020a): Ergänzung zum Nationalen Pandemieplan – COVID-19 – neuartige Coronaviruserkrankung. Berlin.

Robert Koch-Institut (2020b): SARS-CoV2-Steckbrief zur Coronavirus-Krankheit 2019 (COVID-19). URL: https://www.rki.de/DE/Content/InfAZ/N/Neuartiges_Coronavirus/ Ergaenzung_Pandemieplan_Covid.pdf?__blob=publicationFile (zuletzt abgerufen: 09.03.2021).

Schäfers, Bernhard (2018): Soziologie. In: Johannes Kopp, Anja Steinbach (Hrsg.), Grundbegriffe der Soziologie. Wiesbaden, S. 419-423.

Schirrmeister, Claudia (2002): Schein-Welten im Alltagsgrau. Über die soziale Konstruktion von Vergnügungswelten. Wiesbaden.

Schroer, Markus (2014): Von Fremden und Überflüssigen. Baumans Theorie der Ausgrenzung. In: Matthias Junge, Thomas Kron (Hrsg.), Zygmunt Bauman. Soziologie zwischen Postmoderne, Ethik und Gegenwartsdiagnose. Springer: Wiesbaden. S. 403-421.

Schroer, Markus (2017): Soziologische Phänomenologie: Alfred Schütz (1899-1959). In: ders. (Hrsg.), Soziologische Theorien. Von den Klassikern bis zur Gegenwart. Paderborn, S. 141-171.

Schröer, Norbert (1997): Wissenssoziologische Hermeneutik. In: Ronald Hitzler, Anne Honer (Hrsg.), Sozialwissenschaftliche Hermeneutik. Eine Einführung. Wiesbaden, S. 109-129.

Schulze, Gerhard (2011): Krisen. Das Alarmdilemma. Frankfurt am Main.

Schütz, Alfred (1932): Der sinnhafte Aufbau der sozialen Welt. Eine Einleitung in die verstehende Soziologie. Wien.

Schütz, Alfred (1971a): Wissenschaftliche Interpretation und Alltagsverständnis menschlichen Handelns. In: Herman L. Van Breda (Hrsg.), Gesammelte Aufsätze I. Das Problem der sozialen Wirklichkeit. Den Haag, S. 3-54.

Schütz, Alfred (1971b): Das Wählen zwischen Handlungsentwürfen. In: Herman L. Van Breda (Hrsg.), Gesammelte Aufsätze I. Das Problem der sozialen Wirklichkeit. Den Haag, S. 77-110.

Schütz, Alfred (1971c): Über die mannigfaltigen Wirklichkeiten. In: Herman L. Van Breda (Hrsg.), Gesammelte Aufsätze I. Das Problem der sozialen Wirklichkeit. Den Haag, S.237-298.

Schütz, Alfred (1972a): Der Fremde. Ein sozialpsychologischer Versuch. In: Arvid Brodersen (Hrsg.), Gesammelte Aufsätze II. Studien zur soziologischen Theorie. Den Haag, S. 53-69.

Schütz, Alfred (1972b): Der Heimkehrer. In: Arvid Brodersen (Hrsg.), Gesammelte Aufsätze II. Studien zur soziologischen Theorie. Den Haag, S. 70-84.

Schütz, Alfred/Luckmann, Thomas (2003): Strukturen der Lebenswelt. Konstanz.

Schützeichel, Rainer (2012): Wissenssoziologie. In: Sabine Maasen, Mario Kaiser, Martin Reinhart, Barbara Sutter (Hrsg.), Handbuch Wissenschaftssoziologie. Wiesbaden, S. 17-26.

Schwietring, Thomas (2020): Was ist Gesellschaft? Einführung in soziologische Grundbegriffe. Stuttgart.

Seyfahrt, Constans (1994): Ordnung S. 477-478. In: Werner Fuchs-Heinritz, Rüdiger Lautmann, Otthein Rammstedt, Hanns Wienold (Hrsg.), Lexikon zur Soziologie. Opladen.

Simmel, Georg (2016 [1908]): Exkurs über den Fremden. In: Otthein Rammstedt (Hrsg.), Soziologie. Untersuchungen über die Formen der Vergesellschaftung. Gesamtausgabe Band II. Frankfurt am Main, S. 764-771.

Soeffner, Hans-Georg (1989): Auslegung des Alltags – Der Alltag der Auslegung. Zur wissenssoziologischen Konzeption einer sozialwissenschaftlichen Hermeneutik. Frankfurt am Main.

Soeffner, Hans-Georg (2000): Gesellschaft ohne Baldachin. Über die Labilität von Ordnungskonstruktionen. Weilerswist.

Soeffner, Hans-Georg (2010): Funktionale Zweckfreiheit. Der ‚praktische Sinn' der Ästhetik. In: Anne Honer, Michael Meuser, Michaela Pfadenhauer (Hrsg.), Fragile Sozialität. Inszenierungen, Sinnwelten, Existenzbastler. Ronald Hitzler zum 60. Geburtstag. Wiesbaden, S. 59-74.

Sombart, Werner (1920 [1911]): Die Juden und das Wirtschaftsleben. München und Leipzig.

Stallings, Robert A. (2003): Soziologische Theorien und Desaster-Studien. In: Lars Clausen, Elke M. Geenen, Elísio Macamo (Hrsg.), Entsetzliche soziale Prozesse. Theorie und Empirie der Katastrophen. Münster, S. 35-49.

Stichweh, Rudolf (1992): Der Fremde. Zur Evolution der Weltgesellschaft. In: Rechtshistorisches Journal 11, S. 295-316.

Stichweh, Rudolf (1997): Der Fremde - Zur Soziologie der Indifferenz. In: Herfried Münkler (Hrsg.), Furcht und Faszination. Facetten der Fremdheit. Berlin, S. 45-64.

Stichweh, Rudolf (2010): Der Fremde. Studien zu Soziologie und Sozialgeschichte. Berlin.

Straus, Anselm (1998): Grundlagen qualitativer Sozialforschung. Datenanalyse und Theoriebildung in der empirischen soziologischen Forschung. München.

Strübing, Jörg (2014a): Grounded Theory. Zur sozialtheoretischen und epistemologischen Fundierung eines pragmatistischen Forschungsstils. Wiesbaden.

Strübing, Jörg (2014b): Grounded Theory und Theoretical Sampling. In: Nina Baur, Jörg Blasius (Hrsg.), Handbuch Methoden der empirischen Sozialforschung. Wiesbaden, S. 457-472.

Strübing, Jörg/Hirschauer, Stefan/Ayaß, Ruth/Krähnke, Uwe/Scheffer, Thomas (2018): Gütekriterien qualitativer Sozialforschung. Ein Diskussionsanstoß. In: Zeitschrift für Soziologie 47 (2), S. 83-100.

Süddeutsche Zeitung (2020): Coronavirus. Immer mehr Staaten schotten sich ab. URL: https://www.sueddeutsche.de/politik/coronavirus-immer-mehr-staaten-schotten-sich-ab-1.4779348 (zuletzt abgerufen: 09.03.2021).

Thomas, William I. (1965): Person und Sozialverhalten. Neuwied und Berlin.

Tönnies, Ferdinand (1913): Individuum und Welt in der Neuzeit. In: Weltwirtschaftliches Archiv 1, S. 37-66.

Tracy, Sara J. (2010): Qualitative Quality. Eight "Big Tent" Criteria for Excellent Qualitative Research. In: Qualitative Inquiry 16 (10), S. 837-851.

Volkmer, Michael/Werner, Karin (Hrsg., 2020): Die Corona-Gesellschaft. Analysen zur Lage und Perspektiven für die Zukunft. Bielefeld.

Wiegmann, Jens (2020): Wann brach die Krankheit in China wirklich aus? URL: https://www.welt.de/politik/ausland/article207205811/Coronavirus-Wann-brach-die-Krankheit-in-China-wirklich-aus.html (zuletzt abgerufen: 09.03.2021).

Wohlmann, Rainer (1993): Entwicklung des Tourismus 1954-1991. In: Heinz Hahn, H. Jürgen Kagelmann (Hrsg.), Tourismuspsychologie und Tourismussoziologie. Ein Handbuch zur Tourismuswissenschaft. München, S. 10-16.

World Health Organization (2020): Timeline of WHO's response to COVID-19. Last updated 30 July 2020. URL: https://www.who.int/news-room/detail/29-06-2020-covidtimeline (zuletzt abgerufen: 17.09.2020).

Zifonun, Dariuš (2020): Hans-Georg Soeffner. Klassiker der Wissenssoziologie Band 18. Köln.

Zifonun, Dariuš (2020): Versionen. Soziologie sozialer Welten. Weinheim und Basel.

Oliver Bidlo

Bildung im Schatten?

Eine hermeneutisch-wissenssoziologische Untersuchung zu Nachhilfeinstituten und digitalen Lernplattformen

Der Titel dieser Untersuchung „Bildung im Schatten?“ verweist auf den im englischsprachigen Forschungsbereich etablierten Ausdruck Shadow Education, mit dem außerschulische private Lernangebote bezeichnet werden. Nachhilfe im Allgemeinen lässt sich nun in verschiedener Hinsicht mit dem Aspekt des Schattens in Verbindung bringen.

Die Sichtbarkeit von Nachhilfe in der bildungswissenschaftlichen und -soziologischen Forschung ist in den letzten Jahren zwar größer geworden, kann aber immer noch als eher gering und methodisch wenig differenziert angesehen werden. Gefragt wird in solchen Untersuchungen meist mehr nach der Wirkung bzw. den Kosten von Nachhilfe oder aus einer Eltern-Schüler-Schule-Perspektive. Die Anbieter von Nachhilfe, hier die Nachhilfeinstitute als eigenständige Akteure, kommen selbst kaum in den Blick ebenso wie digitale Lernplattformen. Die vorliegende Untersuchung versucht nun in zweierlei Hinsicht einen anderen Weg zu gehen. Zum einen wendet sie sich im Rahmen einer qualitativen Untersuchung dem Feld der Nachhilfeinstitute und digitalen Lernplattformen zu. Zum anderen folgt sie einer wissens- und nicht bildungssoziologischen Agenda. Ein solcher Zugang weitet seinen Blick sodann für Fragen nach schulischen Beratungsleistungen durch Nachhilfeinstitute, dem doing und displaying education, der Entlastungsfunktionen für Familien oder der Evaluation von Schule durch Nachhilfe.

2020, 412 Seiten, 29,90 Euro – ISBN 978-3-939556-75-6

Angelika Poferl • Norbert Schröer
Ronald Hitzler
Matthias Klemm • Simone Kreher
(Hrsg.)

Ethnographie der Situation

Erkundungen sinnhaft eingrenzbarer Feldgegebenheiten

Menschen befinden sich immer in Situationen. Sie handeln miteinander stets aus ihrer Situation heraus, und sie weisen im Miteinanderhandeln zugleich über die jeweiligen Situationen hinaus. Soziales Handeln hat einen vielschichtigen und prägenden Vergangenheitsbezug, es ist in die Zukunft hinein gerichtet, und es gibt den Handelnden für die Zukunft eine orientierende Erinnerung. Die Gestaltung einer Situation durch die Handelnden ist in deren wie auch immer geltend gemachten und miteinander verwobenen „Definitionen der Situation(en)“ (William I. Thomas/Dorothy Swaine Thomas: Child in America) verankert, in der handlungsorientierenden Auslegung ihres jeweiligen Wissens durch die Definierenden. Von dieser wissenssoziologischen Annahme ausgehend wurden während der 7. Fuldaer Feldarbeitstage ethnographische Studien ebenso wie ethnographische Theoriepositionen zur Erforschung und Analyse von Situation diskutiert.

2020, 576 Seiten, 36,99 Euro – ISBN 978-3-939556-77-0

www.oldib-verlag.de – info@oldib-verlag.de – Twitter: @OldibVerlag